汉语交际口语

编 者 陈作宏 田艳

English Version ①

jiāo

ORAL COMMUNICATION IN CHINESE

jì

高等教育出版社
Higher Education Press

图书在版编目（CIP）数据

汉语交际口语：英语版. 1/陈作宏，田艳编. —北京：
高等教育出版社，2008.10（2014.7 重印）
ISBN 978-7-04-025368-9

Ⅰ. 汉… Ⅱ. ①陈…②田… Ⅲ. 汉语-口语-对外汉语
教学-自学参考资料 Ⅳ. H195.4

中国版本图书馆 CIP 数据核字（2008）第 154709 号

策划编辑	梁 宇	责任编辑	梁 宇	封面设计	彩奇风	版式设计	刘 艳
插图选配	梁 宇	责任校对	梁 宇	责任印制	张泽业		

出版发行	高等教育出版社	咨询电话	400-810-0598
社　　址	北京市西城区德外大街4号	网　　址	http://www.hep.edu.cn
邮政编码	100120		http://www.hep.com.cn
印　　刷	北京市大天乐投资管理有限公司	网上订购	http://www.landraco.com
开　　本	889mm×1194mm　　1/16		http://www.landraco.com.cn
印　　张	12.5	版　　次	2008 年 10 月第 1 版
字　　数	370 000	印　　次	2014 年 7 月第 5 次印刷
购书热线	010-58581118	定　　价	58.00元

前　言

　　随着知识经济和经济全球化时代的到来，中国和世界各国的交往日益密切。中国的悠久历史和灿烂文化，亦随着世界了解中国的热情不断高涨而变得越来越具有吸引力。2008年北京第29届奥运会的成功举办，促进了中国与各国之间的文化交流，从而使汉语学习的需求得到前所未有的增长。国内外各种类型的汉语短期班逐年增多，短期学习者不但希望在短时间内学习一些汉语，满足在中国旅行或生活的基本交际需求，也很想了解一些中国文化。《汉语交际口语》就是一套专为多样化的短期汉语学习者编写的系列教材。本书为第1册，以实用的交际任务为主线，以生活需求为主要学习内容，适合零起点学习者使用。国内外各大专院校的留学生短期班、世界各地孔子学院以及各种语言学校的汉语短期班均可以选用该教材。

　　我们在教材中提供了很多实用的交际任务，使学习者能在使用汉语的过程中学会汉语。我们希望学习者在使用本教材的过程中有所收获，并能体验到使用汉语完成任务的快乐。

　　全书由一个语音课、15个单元和两首中国歌曲组成。建议每单元使用4～5课时。本教材提供了丰富的可选内容，使教材具有了更大的伸缩性。因此，教学时间为50～70学时的短期班都可以选用本教材。书后附有词类简称表、词语表、课堂用语、生活常用语、语言注释列表，方便师生检索和查找信息。

主要特点

- 每单元都以交际任务为线索，用丰富多样的活动和任务将准备、学习、扩展有机地结合起来，环环相扣，层次清楚，为教学提供了很大的空间。
- 学习内容不但能满足短期留学生的生存需求，还能满足他们与中国人进行一般交谈的需要。
- 课文语句简短易学，利于学生记忆；课文内容贴近真实生活，利于学生使用。
- 课堂活动题型丰富、伸缩性大，可以根据学生的水平和教学安排，有计划地选用。
- 课堂活动的设计突出体现了体验式教学的特点，有效提高了课堂互动。
- 辅以大量功能性图片，帮助学习者进入情景，减轻记忆负担。

单元结构

目标：每单元的最前面列出了明确的学习目标，令学生有的放矢，更有兴趣地投入到学习中。

准备：直观地引入与学习目标相关的部分词汇，激活学生在某一方面的相关知识，为其学习本课做好准备。

生词：包括生词及词语搭配练习。

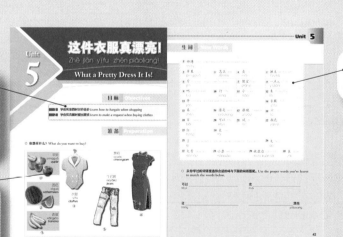

句子：每单元精选出的主要句子，帮助学生熟悉新词语的用法，同时为他们完成目标任务做好句子方面的准备。

对话：包括两段真实的生活场景对话和情景练习。

知识：包括与每单元内容相关的中国文化习俗知识以及在中国生活的小常识。

语言贴示：随文注释语言难点，体现注重听说、淡化语法的原则。

双人活动或小组活动：学生可以根据具体任务交换真实信息，最终合作完成任务。

看图学词语：为方便学生顺利完成下面的任务，在词语或句子方面做一些准备。

词库：列出一些与具体的交际任务相关的常用词语，方便学生边学边用，随用随查。

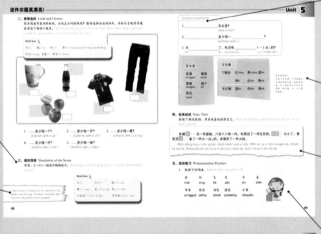

模拟表演：这是一个课堂表演环节，也给学生们一个自由发挥的空间。这个活动既可以调节课堂气氛，还能巩固所学的知识。

参考句型：针对具体活动列出相关的句型，方便学生顺利完成任务。

给老师的提示：方便老师备课，并对活动步骤及注意事项提出一些建议和提示。

给学生的提示：告诉学生某些要求或提出建议等。

你来试试：学生可以模仿给出的一小段话，试着说出自己的情况。

语音练习：包括生词、声母、韵母和声调的发音练习。

替换练习：巩固和整理本单元的重要句型和常用语言格式。

看图说话：学生可以根据自己对图片的理解说句子或说一段话描述图片内容。

可以灵活选用的部分

  课堂游戏：这是所有学生都参加的课堂游戏活动，为学生提供一个在语言和感情上交流的机会。

  常用语句：这一部分的内容是日常生活中随时都有可能用上的短语短句，您可以根据教学情况随时选用，也可以用于填补一些课堂上的零散时间。

  生活汉字：为了让学生对汉字和汉字文化有一个感性认识，我们在每个单元的最后安排了一个认读生活汉字的环节，您可以根据情况选用。

  中国歌曲：为了活跃课堂气氛，我们选编了两首非常好听的中国歌曲，可以在合适的时候安排学生学唱。

  通过以上介绍，希望读者能喜欢这本书，也希望您对本书提出批评和建议。本书的编写和出版得到了高等教育出版社国际汉语出版中心的大力支持和帮助，在此一并表示衷心感谢。

编者

2008年9月

目 录

目 标 Objectives

Contents

语 音
Yǔyīn
Phonetics

目标 Objectives

1 学会汉语拼音的声母、韵母和五个声调 *Learn initials, finals and tones of Chinese pinyin*

2 声母韵母表和声调图 *Table of initials and finals & diagram of tones*

3 基本的拼读和声调练习 *Basic pronunciation and tone practice*

*I*n Chinese, each syllable is composed of an initial, a final and a tone. An initial combines with a final to form a syllable, which is to be pronounced in certain tone. If you want to learn to speak Chinese, you should learn the initials, the finals and the tones first.

Chinese pinyin can help you master the above 3 in a short time. Now, let's learn pinyin together!

1. Initials and Finals

Formula for Chinese Phonetic Transcription (*Pinyin*)					
Initials	b p m f	d t n l	g k h	j q x	zh ch sh r	z c s
Finals		i		u		ü
	a	ia		ua		
	o			uo		
	e	ie				üe
	ai			uai		
	ei			uei (ui)		
	ao	iao				
	ou	iou (iu)				
	an	ian		uan		üan
	en	in		uen (un)		ün
	ang	iang		uang		
	eng	ing		ueng		
	ong	iong				

拼读练习 Pronunciation Practice

1. 单韵母音节 The mono final syllables

ba	pa	ma	fa	da	ta	na	la	ga	ka	ha
bo	po	mo	fo	de	te	ne	le	ge	ke	he
bi	pi	mi		di	ti	ni	li			
bu	pu	mu	fu	du	tu	nu	lu		nü	lü

2. 复韵母音节 The compound final syllables

gai	gei	gao	gou	gua	guo	guai	gui		lia	lie	liao	liu	lüe
kai	kei	kao	kou	kua	kuo	kuai	kui			nie	niao	niu	nüe
hai	hei	hao	hou	hua	huo	huai	hui						

3. 鼻韵母音节 The nasal-ended final syllables

ban	ben	bang	beng		pan	pen	pang	peng		
man	men	mang	meng		fan	fen	fang	feng		
dan		dang	deng	dong	tan		tang	teng	tong	
nan		nang	neng	nong	lan		lang	leng	long	luan	nuan

| bin | bing | | pin | ping | | min | ming | | lin | ling | | nin | ning |

4. 声母是 j, q, x的音节 The syllables with initials j, q, x

| ji | qi | xi | | jü | qü | xü | | jüe | qüe | xüe |
| jin | jing | | jian | jiang | | | qian | qiang | | xian | xiang |

5. 声母是zh、ch、sh、r和z、c、s 的音节 The syllables with initials zh, ch, sh, r and z, c, s

zhi	chi	shi	ri		zi	ci	si
zhe	che	she	re		ze	ce	se
zhan	chan	shan	ran		zan	can	san
zhang	chang	shang	rang		zong	cong	song

6. y、w 开头的音节 The syllables initiated by y and w

| yi | wu | yu | | wa | wo | wai | wei | | wan | wen | wang | weng |
| yin | ying | yan | yang | | yun | yuan | yong | | | | | |

2. Tones

There are 5 tones in Chinese Putonghua, 4 basic tones and 1 neutral tone. In the pinyin system, they are indicated by tone graphs. Namely, ¯ (the first tone), ′(the second tone), ˇ (the third tone) and `(the fourth tone) and the neutral tone which is not marked. The tones are used to distinguish meanings. That is to say, syllables that are identical in initials and finals but different in tones can bear different meanings. For example. mā means "mother" while mǎ means "horse".

To pronounce tones correctly is very important. Otherwise it will be quite difficult for others to understand you. Now, please look at the diagram of tones thoroughly and carefully and take time to practice with your teacher.

Diagram of tones

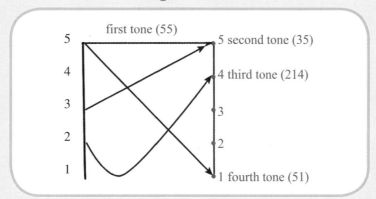

声调练习 Tone Practice

1. 基本声调练习。

Practice for four basic tones.

bā	bá	bǎ	bà	——	bàba	*father*
mā	má	mǎ	mà	——	māma	*mother*
hāo	háo	hǎo	hào	——	hǎo	*good*

2. 当两个第三声汉字相连时，第一个字的声调变为第二声。如 nǐhǎo→níhǎo。请跟着老师朗读。

When there are two consecutive third-tone characters (syllables) together, the first should be pronounced with the second tone while the tone of the second character (syllable) stays unchanged. For example: nǐhǎo→níhǎo. Please read the following words aloud after your teacher.

nǐhǎo　　　hěnhǎo　　　wǒzǒu　　　suǒyǒu　　　suǒyǐ

3. 第三声的字在第一、二、四声和轻声前面时要变成"半三声"。也就是只读第三声前半段的降调部分。如：měiguó→měiguó。请跟着老师朗读。

When a character (syllable) in the third tone precedes one in the first, second, fourth or neutral tones, it is pronounced in the "half" third tone, that is, the tone only falls (a little like a shortened fourth tone) and doesn't rise. For example: měiguó →měiguó. Please read the following words aloud after your teacher.

kǎoyā	wǒjiā	měiguó	fǎguó
hěnlèi	wǒshì	jiějie	wǒde

4. 轻声要读得又轻又短。请跟着老师朗读。

The neutral tone is very light and short. Please read the following words aloud after your teacher.

māma	gēge	míngzi	shénme
hǎoma	nǐne	shìma	lèile

5. 朗读定调练习。

Read the syllables and pay attention to the tones.

dōushuō	háishuō	yěshuō	zàishuō	shuōde
dōulái	háilái	yělái	zàilái	láide
dōuzǒu	háizǒu	yězǒu	zàizǒu	zǒude
dōuhuì	háihuì	yěhuì	zàihuì	huìde

你好
Nǐ hǎo

Hello

目标 Objectives

1 学会简单打招呼 *Learn the simple expressions of greeting people*
2 学会说自己的名字和国籍 *Learn to say your name and nationality*
3 学会数字1～10 *Learn the numbers 1–10*

准备 Preparation

é luósī

○ 他(她)是哪国人？ **What is his/her nationality?**

法国人
Fǎguórén
①

英国人
Yīngguórén
②

美国人
Měiguórén
③

中国人
Zhōngguórén
④

韩国人
Hánguórén
⑤

日本人
Rìběnrén
⑥

生词 New Words

1	你 you nǐ	2	好 good, well hǎo	3	是 be shì	4	哪 which nǎ
5	国 country, nation guó	6	人 person rén	7	我 I, me wǒ	8	叫 call jiào
9	什么 what shénme	10	名字 name míngzi	11	呢 a modal particle indicating a question ne		
12	这 this zhè	13	的 a structural particle de			14	朋友 friend péngyou
15	很 very hěn	16	高兴 glad gāoxìng	17	认识 know rènshi	18	您 respectful form of "你" nín

19	贵姓 what is your surname (a respectful form of asking one's surname) guìxìng
20	姓 one's surname is xìng

Proper Names

1	美国 U.S.A Měiguó	2	朱丽 Julie, a personal name Zhūlì	3	王浩 Wang Hao, a personal name Wáng Hào
4	杰克 Jack, a personal name Jiékè	5	王 Wang, a surname Wáng		

◎ 从你学过的词语里选择合适的词与下面的词语搭配。Use the proper words you've learnt to match the words below.

是 _____
shì

姓 _____
xìng

叫 _____
jiào

_____ 好
hǎo

句子 Sentences

1. 你好！ Hello!
   Nǐ hǎo!

2. 你是哪国人？ What's your nationality?
   Nǐ shì nǎ guó rén?

3. 我是美国人。 I'm American.
   Wǒ shì Měiguórén.

4. 你叫什么名字？ What's your name?
   Nǐ jiào shénme míngzi?

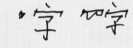

5. 我叫朱丽，你呢？ My name is Julie, and you?
   Wǒ jiào Zhūlì, nǐ ne?

6. 这是我的朋友。 This is my friend.
   Zhè shì wǒ de péngyou.

7. 您贵姓？ What's your surname?
   Nín guìxìng?

8. 我姓王，叫王浩。 My surname is Wang. I'm Wang Hao.
   Wǒ xìng Wáng, jiào Wáng Hào.

○ 看看下面的图片，想一想他们可能说了什么。Look at the pictures and think what they might say.

我叫朱丽。
Wǒ jiào Zhūlì.

①

你是哪国人？
Nǐ shì nǎ guó rén?

②   ③

对话 1　Dialog 1

王浩：　你好[1]！
Wáng Hào:　Nǐ hǎo!

朱丽：　你好！
Zhūlì:　Nǐ hǎo!

王浩：　你是哪国人？
Wáng Hào:　Nǐ shì nǎ guó rén?

朱丽：　我是美国人。
Zhūlì:　Wǒ shì Měiguórén.

王浩：　你叫什么[2]名字？
Wáng Hào:　Nǐ jiào shénme míngzi?

朱丽：　我叫朱丽[3]，你呢[4]？
Zhūlì:　Wǒ jiào Zhūlì, nǐ ne?

王浩：　我叫王浩。
Wáng Hào:　Wǒ jiào Wáng Hào.

Wang Hao: Hello!
Julie: Hello!
Wang Hao: What's your nationality?
Julie: I'm American.
Wang Hao: What's your name?
Julie: My name is Julie, and you?
Wang Hao: My name is Wang Hao.

[1] Tone changes in Chinese
When one syllable is immediately followed by another, the tone of a syllable may change, which is called tone changes. The change of the third tone is an important phonetic phenomenon in Chinese. There are mainly two ways of tone changes.
1. A third tone, when immediately followed by another third tone, should be pronounced in the second tone, and the latter third tone remains pronounced in the third tone. E.g. 你（nǐ）+ 好（hǎo）should be pronounced as 你好（ní hǎo）.
2. A third tone, when followed by a first, second, forth tone or most neutral tones, usually becomes a half third tone, that is, the tone that only falls but does not rise. E.g. 老师（lǎoshī）, 宝石（bǎoshí）and 广告（guǎnggào）.

[2] In Chinese the word order of an interrogative sentence is the same as the declarative one, unlike the English grammar. When a declarative sentence is changed into an interrogative, its word order is unnecessary to change but substitute an interrogative word with the questioned part. E.g. the interrogative sentence of 他叫大卫(His name is David.) is 他叫什么(What's his name?), and 她去北京(She went to Beijing.) is 她去哪儿（Where did she go?）

[3] The basic word order of Chinese is: subject + predicate (verb or adjective) + object (if the predicate verb has its objectives.).

[4] 你呢 means 你叫什么 in the sentence. 呢 is used after a noun or pronoun to form an interrogative sentence, and the meaning of the sentence depends on the preceding sentence. E.g. 你呢 in the sentence of 我是英国人，你呢？(I'm British, and you?) means 你是哪国人？ (what's your nationality?), while 你呢 in 我要去超市，你呢？(I'm going to a supermarket, and you?) means 你去超市吗？(Are you going to a supermarket?) or 你要去哪儿？（Where are you going?）

● 根据对话1选择合适的句子填空。**Fill in the blanks with proper sentences according to Dialog 1.**

你好！	
Nǐ hǎo!	

	我是美国人。 Wǒ shì Měiguórén.
你叫什么名字? Nǐ jiào shénme míngzi?	
我叫朱丽,你呢? Wǒ jiào Zhūlì, nǐ ne?	

对话2 Dialog 2

朱丽

王浩: 你好! 朱丽。
Wáng Hào: Nǐ hǎo! Zhūlì.

朱丽: 你好! 这是我的⁵朋友。
Zhūlì: Nǐ hǎo! Zhè shì wǒ de péngyou.

王浩: 很高兴认识你。
Wáng Hào: Hěn gāoxìng rènshi nǐ.

杰克: 我叫杰克。您贵姓?
Jiékè: Wǒ jiào Jiékè. Nín guìxìng?

王浩: 我姓王,叫王浩。
Wáng Hào: Wǒ xìng Wáng, jiào Wáng Hào.

Wang Hao: Hello, Julie.
Julie: Hello! This is my friend.
Wang Hao: Very glad to know you.
Julie: I'm Jack. What's your surname?
Wang Hao: My surname is Wang. I'm Wang Hao.

5 The structure of "noun / pronoun + 的 + noun" indicates that something belongs to someone. E.g. 我的书(my book) and 大卫的电脑(David's computer).

Knowledge: Chinese surnames and given names

There are thousands of surnames in China, among which only one or two hundreds are commonly used nowadays.

Most of surnames are single surnames, that is, a surname consists of only one character, the commonly used single surnames are 张 Zhāng, 王Wáng, 李Lǐ, 赵Zhào, 刘Liú, 周Zhōu and etc. According to a survey, the mostly used surname is 李Lǐ. Besides, a compound surname consists of two characters. 欧阳Ōuyáng and 司马Sīmǎ are commonly used.

A Chinese name is made up of a surname and a given name, with the former always preceding the latter. For example, in the name of 王浩Wáng Hào, 王Wáng is the surname and 浩Hào is the given name. Sometimes a given name consists of one character and sometimes two characters, such as 王小龙Wáng Xiǎolóng.

Chinese given names often possess certain implications and reflect parents' wishes. Some names imply the birth place, season, or natural phenomena when the child was born, such as 阳(sun), 雨(rain), 冬(winter), 春(spring) and etc. Some express the hope of certain virtue, such as 忠(royal), 义(righteous), 信(honest) and etc. Some have the meanings of wishing health, longevity and happiness, such as 健 (health), 寿 (long life), 福(good fortune) and etc. There are differences between male names and female names. Male names use such characters expressing power and vigor as 虎(tiger), 龙(dragon), 伟(great), 刚(firm and strong) etc. while female names use 玉(jade), 娟(grace), 静 (quietness) and etc. to express female's tender and beauty.

◎ 根据对话2选择合适的句子填空。**Fill in the blanks with proper sentences according to Dialog 2.**

| 这是我的朋友。
Zhè shì wǒ de péngyou. | |
| | 我姓王，叫王浩。
Wǒ xìng Wáng, jiào Wáng Hào. |

活动　Activities

一、看图学词语　Look and Learn Words

从词库里选择词语写在合适的图片下边。*Choose the proper words from the word box and write them under the related pictures.*

Word box

他tā he, him 　　　她tā she, her 　　　他们tāmen they, them

你们nǐmen you (pl.) 　　我们wǒmen we, us

① 　　　② 　　　③ 　　　④ 　　　⑤

二、双人活动 Pair Work

两人一组。先填写表格，然后向你的同伴询问，并回答他/她的问题。*Work in pairs. Each student fills in the following table and then asks and answers the questions with a partner.*

	Julie	Wang Hao	You	Your partner	Your teacher
Name	朱丽 Zhūlì				
Nationality	美国人 Měiguórén				

Time permitting, ask the teacher about them.

三、全班活动 Class Work

每个人先向老师介绍一下自己，然后再介绍班上的一位同学。*Each student introduces him/herself to the teacher and then introduces a classmate to the class.*

Sentence pattern

我叫 _____，我是 _____。
Wǒ jiào   wǒ shì

给老师的提示:
您也可以分小组完成这一题。

四、你来试试 Your Turn

熟读下面这段话，然后试着说说你自己。*Read the following paragraph well and then try to say about yourself.*

你好，我叫朱丽，我是美国人。he 叫杰克，他是我的朋友，他 也also 是美国人。

Nǐ hǎo, wǒ jiào Zhūlì, wǒ shì Měiguórén. Tā jiào Jiékè, tā shì wǒ de péngyou, tā yě shì Měiguórén.

五、语音练习 Pronunciation Practice

1. 熟读下列词语。*Read the following words well.*

你	我	叫	姓
nǐ	wǒ	jiào	xìng

什么	名字	朋友	认识
shénme	míngzi	péngyou	rènshi

2. 声母练习。*Practice consonants.*

shi–si   xing–sheng   zhe–ze

3. 韵母练习。*Practice vowels.*

ren–yin   nin–ning   peng–pen

4. 声调练习。*Practice tones.*

jiǎo–jiāo   nǎ–nà   hǎo–hāo

六、替换练习 Substitution

用表格右侧的词语替换句中画线的部分，并说出完整的句子。*Use the words on the right side to say several new and complete sentences.*

1. 我是 美国 人。	韩国 R.O. Korea	日本 Japan	泰国 Thailand
Wǒ shì Měiguórén.	Hánguó	Rìběn	Tàiguó

2. 我叫 朱丽 。	王浩	英爱	李静
Wǒ jiào Zhūlì.	Wáng Hào	Yīng'ài	Lǐ Jìng

七、有问有答 Ask and Answer

模仿下面的例句回答问题。*Follow the example to answer the questions.*

> Example： A: 你叫什么名字？
> Nǐ jiào shénme míngzi?
>
> B: 我叫杰克，你呢？
> Wǒ jiào Jiékè, nǐ ne?

1. A: 你叫什么名字？
Nǐ jiào shénme míngzi?

B: _____

2. A: 你是哪国人？
Nǐ shì nǎ guó rén?

B: _____

3. A: 王浩姓什么？
Wáng Hào xìng shénme?

B: _____

4. A: 他叫什么？
Tā jiào shénme?

B: _____

八、看图说话 Talk About the Pictures

1. 学会读数字1～10。*Learn to read the numbers 1–10.*

1	2	3	4	5	6	7	8	9	10
yī	èr	sān	sì	wǔ	liù	qī	bā	jiǔ	shí
一	二	三	四	五	六	七	八	九	十

2. 看图回答问题。*Look at the pictures and answer the questions.*

这是几个？ How many are there?
Zhè shì jǐ ge?

Word box

几 jǐ how many, several   个 gè a measure word

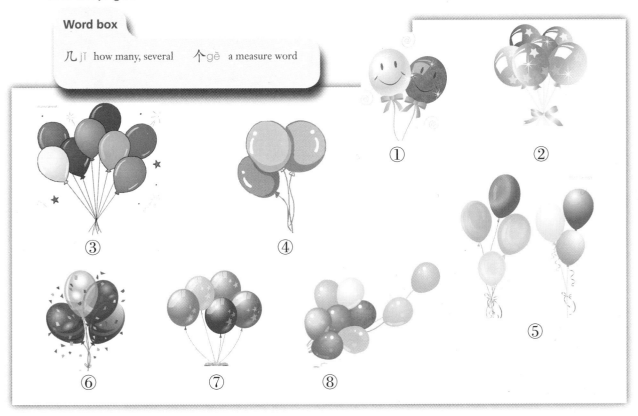

九、课堂游戏 Games

学说绕口令。*Learn to say the tongue twister.*

一是一，四是四，
Yī shì yī, sì shì sì,

十一是十一，四十是四十。
Shíyī shì shíyī, sìshí shì sìshí.

One is one, four is four;
Eleven is eleven, forty is forty.

Try to read the tongue twister from slow to fast. Then read it as fast as you can but be sure that the pronunciation should be clear.

常用语句 | Useful Language

再见!
Zàijiàn!
Goodbye!

谢谢!
Xièxie!
Thanks!

不客气!
Bú kèqi!
You're welcome!

生活汉字 | Chinese Characters in Our Lives

MEN 男

男
nán
man

WOMEN 女

女
nǚ
women

我有一个中国朋友

Wǒ yǒu yí ge Zhōngguó péngyou

I Have a Chinese Friend

/友

目标 Objectives

1 学会说明住处 *Learn to give an address*
2 学会简单介绍自己的情况 *Learn the simple expressions of introducing yourself*
3 学会数字11～100 *Learn the numbers 11–100*

准备 Preparation

◎ 这是几号房间？ **What room number is this?**

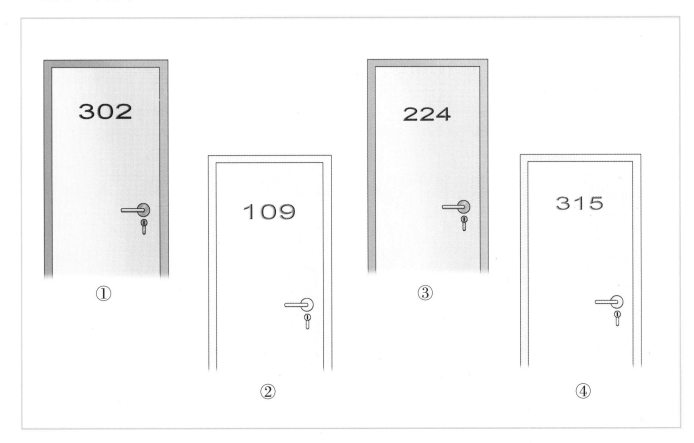

① 302 ② 109 ③ 224 ④ 315

生词　New Words

1 老师 teacher lǎoshī	2 吗 an interrogative particle ma		3 不 no, not bù
4 学生 student xuésheng	5 住 live zhù	6 哪儿 where nǎr	7 八 eight bā
8 号 number hào	9 楼 building lóu	10 房间 room fángjiān	11 留学生 a student who studies abroad liúxuéshēng
12 学 learn, study xué	13 汉语 Chinese (language) Hànyǔ		14 有 have yǒu
15 一 one yī	16 个 a measure word gè	17 他 he, him tā	

Proper Names

1 英爱 Yingai, a personal name Yīng'ài	2 中国 China Zhōngguó	3 韩国 R.O. Korea Hánguó

◯ 从你学过的词语里选择合适的词与下面的词语搭配。**Use the proper words you've learnt to match the words below.**

住＿＿＿＿＿＿＿＿＿＿＿＿＿＿＿　　　学＿＿＿＿＿＿＿＿＿＿＿＿＿＿＿
zhù　　　　　　　　　　　　　　　xué

有＿＿＿＿＿＿＿＿＿＿＿＿＿＿＿　　　一个＿＿＿＿＿＿＿＿＿＿＿＿＿＿
yǒu　　　　　　　　　　　　　　　yí gè

句子　Sentences

1. 你是老师吗？ Are you a teacher?
   Nǐ shì lǎoshī ma?

2. 不是，我是学生。 No, I'm a student.
   Bú shì, wǒ shì xuésheng.

3. 你住哪儿？ Where do you live?

   Nǐ zhù nǎr?

4. 我住八号楼302房间。 I live in Room No. 302, Building 8.

   Wǒ zhù bā hào lóu sānlíng'èr fángjiān.

5. 你学什么？ What do you learn?

   Nǐ xué shénme?

6. 我学汉语。 I'm learning Chinese.

   Wǒ xué Hànyǔ.

7. 你有中国朋友吗？ Do you have any Chinese friends?

   Nǐ yǒu Zhōngguó péngyou ma?

8. 我有一个中国朋友。 I have a Chinese friend.

   Wǒ yǒu yí ge Zhōngguó péngyou.

⬤ 看看下面的图片，想一想他们可能说了什么。Look at the pictures and think what they might say.

对话 1　Dialog 1

杰克：　王浩，你是老师吗[1]？
Jiékè：　Wáng Hào, nǐ shì lǎoshī ma?

王浩：　不[2]是，我是学生。
Wáng Hào：　Bú shì, wǒ shì xuésheng.

杰克：　你住哪儿[3]？
Jiékè：　Nǐ zhù nǎr?

王浩：　我住八号楼302房间。
Wáng Hào：　Wǒ zhù bā hào lóu sānlíng'èr fángjiān.

杰克：　我住留学生楼211[4]。
Jiékè：　Wǒ zhù liúxuéshēng lóu èryāoyāo.

Jack:　Wang Hao, are you a teacher?
Wang Hao:　No, I'm a student.
Jack:　Where do you live?
Wang Hao:　I live in Room No. 302, Building 8.
Jack:　I live in Room No. 211, Foreigners' Building.

[1] Generally speaking, when the interrogative particle 吗 is added at the end of a declarative sentence, it becomes a question. The affirmative or negative form of the verb or adjective can be used to answer such questions. E.g. 你下午上课吗? (Do you have any classes in the afternoon?)——上课。/不上课。(Yes, I have./No, I haven't.)

[2] 不 is pronounced in the fourth tone when it stands by itself or precedes a first, second or third tone, e.g. 不吃 (bù chī), 不来 (bù lái), 不好(bù hǎo), but is pronounced in the second tone when it precedes another fourth tone, e.g. 不是 (bú shì), 不去(bú qù).

[3] 哪儿 is used to ask about the location and has the meaning of *where, what place*. But 哪 means *which*. Don't confuse the two different meanings.

[4] In order to differentiate 1 and 7, 1 is often pronounced as yāo when saying telephone numbers, room numbers and car numbers. E.g. 218 (èryāobā), 415 (sìyāowǔ).

◎ 根据对话1回答问题。**Answer the questions according to Dialog 1.**

1. 王浩是老师吗?
   Wáng Hào shì lǎoshī ma?

2. 王浩住哪儿?
   Wáng Hào zhù nǎr?

3. 杰克住哪儿?
   Jiékè zhù nǎr?

◎ 根据对话1选择合适的句子填空。**Fill in the blanks with proper sentences according to Dialog 1.**

你是老师吗?	
Nǐ shì lǎoshī ma?	

我住八号楼302房间。
Wǒ zhù bā hào lóu sānlíng'èr fángjiān.

对话2 Dialog 2

英爱： 你好，我叫英爱。
Yīng'ài: Nǐ hǎo, wǒ jiào Yīng'ài.

杰克： 你是中国人吗？
Jiékè: Nǐ shì Zhōngguórén ma?

英爱： 不是，我是韩国人。你呢？
Yīng'ài: Bú shì, wǒ shì Hánguórén. Nǐ ne?

杰克： 我叫杰克，我是美国人。
Jiékè: Wǒ jiào Jiékè, wǒ shì Měiguórén.

英爱： 你学什么？
Yīng'ài: Nǐ xué shénme?

杰克： 我学汉语。
Jiékè: Wǒ xué Hànyǔ.

英爱： 你有中国朋友吗？
Yīng'ài: Nǐ yǒu Zhōngguó péngyou ma?

杰克： 有一[5]个[6]，他叫王浩。
Jiékè: Yǒu yí ge, tā jiào Wáng Hào.

Yingai: Hello, I'm Yingai.
Jack: Are you Chinese?
Yingai: No, I'm Korean.
Jack: I'm Jack, and I'm American.
Yingai: What do you learn?
Jack: I'm learning Chinese.
Yingai: Do you have any Chinese friends?
Jack: Yeah, I have one, and his name is Wang Hao.

5 一 is pronounced in the fourth tone when it precedes a first, second or third tone, e.g. 一天(yì tiān), 一年 (yì nián), 一起 (yì qǐ), but is pronounced in the second tone when it precedes fourth tone, e.g. 一个(yí gè), 一次 (yí cì).

6 There should add a measure word between a numeral word and a noun in Chinese. 个 is the most commonly used measure word, for example, 一个同学(a classmate), 一个人(a person), 一个问题(a question).

Knowledge: The order of address in Chinese

In Chinese the order of telling an address begins from the large place to the small one. The common order is: country, city, district, street and number. For example: 中国北京市海淀区中关村大街27号6楼311房间 (Room No. 311, Floor 6, No. 27 Zhongguancun Street, Haidian District, Beijing, China)

● 根据对话2回答问题。**Answer the questions according to Dialog 2.**

1. 英爱是中国人吗?
   Yīng'ài shì Zhōngguórén ma?

2. 英爱是哪国人?
   Yīng'ài shì nǎ guó rén?

3. 杰克学什么?
   Jiékè xué shénme?

4. 杰克有中国朋友吗?
   Jiékè yǒu Zhōngguó péngyou ma?

活动 Activities

一、看图学词语 Look and Learn Words

从词库里选择词语写在合适的图片下边。*Choose the proper words from the word box and write them under the related pictures.*

Word box

公寓 gōngyù apartment building   宾馆 bīnguǎn hotel

二单元 èr dānyuán entrance 2

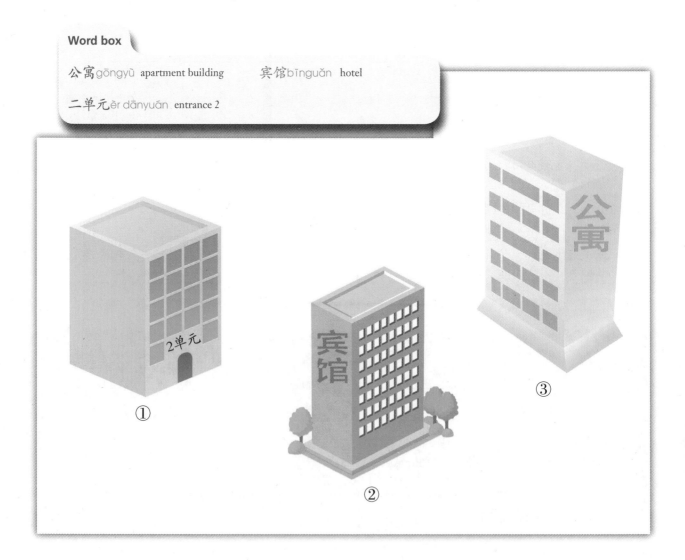

① ② ③

二、双人活动 Pair Work

两人一组。先填写表格，然后向你的同伴询问，并回答他/她的问题。*Work in pairs. Each student fills in the following table and then asks and answers the questions with a partner.*

	Jack	Wang Hao	You	Your partner	Your teacher
Nationality					
Identity	学生 xuésheng				
Address		302房间 sānlíng'èr fángjiān			

Time permitting, ask the teacher about them.

三、全班活动 Class Work

根据你了解到的情况，给全班同学介绍一下你的同伴。*Introduce your partner to the class according to what you know about him/her in Activity 2.*

> **Sentence pattern**
>
> 他（她）叫 _____ ，他（她）是 _____ ，他（她）住 _____ ，他（她）学 _____ 。
> Tā   jiào   tā   shì   tā   zhù   tā   xué

四、你来试试 Your Turn

熟读下面这段话，然后试着说说你自己。*Read the following paragraph well and then try to say about yourself.*

我是美国留学生杰克，我住211房间，我 在 *a preposition indicating where a person or a thing is* 中国学汉语。王浩是我的中国朋友，也 *also* 是我的汉语老师，他住8号楼302房间。

Wǒ shì Měiguó liúxuéshēng Jiékè, wǒ zhù èryāoyāo fángjiān, wǒ zài Zhōngguó xué Hànyǔ. Wáng Hào shì wǒ de Zhōngguó péngyou, yě shì wǒ de Hànyǔ lǎoshī, tā zhù bā hào lóu sānlíng'èr fángjiān.

给教师的提示：
全班同学可以围坐一圈，按次序介绍自己。在谁那里中断，谁就要唱一支歌。

五、语音练习 Pronunciation Practice

1. 熟读下列词语。*Read the following words well.*

不	住	号	学
bù	zhù	hào	xué

老师　　学生　　　房间　　汉语
lǎoshī　xuésheng　fángjiān　Hànyǔ

2. 声母练习。*Practice consonants.*
san–shan　zhong–zong jian–zhan

3. 声调练习。*Practice tones.*
sheng–shen　xue–xu fang–fan

4. 韵母练习。*Practice vowels.*
jiān–jiǎn　zhū–zhǔ　guó–guǒ

六、替换练习 Substitution
用表格右侧的词语替换句中画线的部分，并说出完整的句子。*Use the words on the right side to say several new and complete sentences.*

1. 我住 留学生楼。 Wǒ zhù liúxuéshēng lóu.	6号楼 liù hào lóu	饭店 hotel fàndiàn
2. 我学 汉语。 Wǒ xué Hànyǔ.	英语 Yīngyǔ	经济 economics jīngjì
3. 我有一个 中国朋友。 Wǒ yǒu yí ge Zhōngguó péngyou.	老师 lǎoshī	本子 notebook běnzi

七、有问有答 Ask and Answer
两人一组，模仿下列格式做问答练习。*Work in pairs. Follow the example to ask and answer the questions.*

> Example:　老师、学生
> 　　　　　lǎoshī, xuésheng
> A: 你是老师吗？
> 　　Nǐ shì lǎoshī ma?
> B: 我不是老师，我是学生。
> 　　Wǒ bú shì lǎoshī, wǒ shì xuésheng.

1. 美国人、英国人
　　Měiguórén, Yīngguórén

2. 韩国人、日本人
　　Hánguórén, Rìběnrén

3. 教授 professor、职员 clerk
　　jiàoshòu, zhíyuán

八、看图说话 Talk About the Pictures

1. 学会读数字11～100。 *Learn to read the numbers 11–100.*

11	12	13	14	15	16	17	18	19	20	90	100
shíyī	shí'èr	shísān	shísì	shíwǔ	shíliù	shíqī	shíbā	shíjiǔ	èrshí	jiǔshí	yìbǎi
十一	十二	十三	十四	十五	十六	十七	十八	十九	二十	九十	一百

一百　一百

2. 回答问题。 *Answer the questions.*

这是多少？ What is the number?

Zhè shì duōshao?

Word box

多少 duōshao　how many, how much

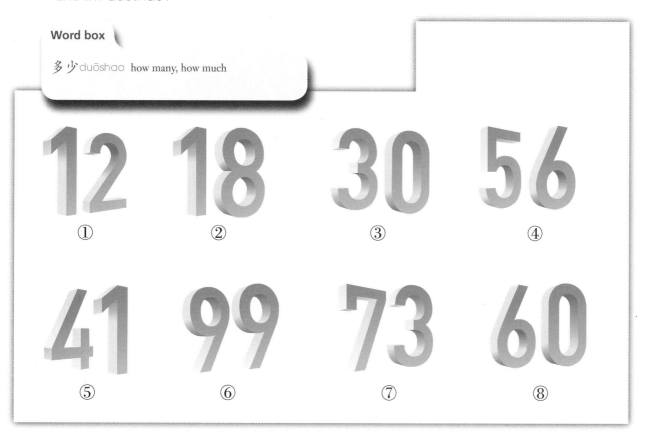

①　②　③　④

⑤　⑥　⑦　⑧

九、课堂游戏 Games

数字游戏：过"7"　*The game of the number 7*

大家围成一个圈，用汉语依次数数儿，遇到"7"或是"7"的倍数（如7、14、17、21、27、28、35、37……）不能说出来，只能拍手。如果有人错了，就给大家唱首歌。

Form a circle and take turns to say aloud the numbers one by one in Chinese. When meeting the number including 7 or that is a multiple of 7 (e.g. 7, 14, 17, 21, 27, 28, 35, 37……), clap your hands instead of saying that number. If you make it wrong, sing a song for the class.

常用语句 Useful Language

没关系。
Méiguānxi.
Never mind.

对不起。
Duìbuqǐ.
I'm sorry.

生活汉字 Chinese Characters in Our Lives

学生公寓
xuésheng gōngyù
students' apartment building

明天上课吗？
Míngtiān shàng kè ma?

Do You Have Any Classes Tomorrow?

目标 Objectives

1 学会最基本的时间表达方式 *Learn the basic expressions of telling the time*
2 学会说明每天的时间安排 *Learn to describe daily schedule*

准备 Preparation

○ 现在几点？ **What time is it?**

八点
bā diǎn
①

九点半
jiǔ diǎn bàn
②

六点一刻
liù diǎn yí kè
③

十二点五分
shí'èr diǎn wǔ fēn
④

十一点四十
shí yī diǎn sìshí
⑤

七点四十五
qī diǎn sìshíwǔ
⑥

生词　New Words

1 现在 now xiànzài	2 几 how many, several jǐ		3 点 o'clock diǎn	
4 七 seven qī	5 半 half bàn	6 你们 you (pl.) nǐmen	7 每天 everyday měitiān	
8 上 start to work or study at a fixed time shàng		9 课 class kè	10 上课 attend class shàng kè	
11 明天 tomorrow míngtiān	12 周末 weekend zhōumò	13 起床 get up qǐ chuáng	14 早上 morning zǎoshang	
15 晚上 evening wǎnshang	16 十二 twelve shí'èr	17 睡觉 sleep shuì jiào	18 中午 noon zhōngwǔ	
19 休息 take a rest xiūxi	20 睡 sleep shuì	21 一会儿 a little while yíhuìr		
22 下午 afternoon xiàwǔ	23 两 two liǎng	24 节 a measure word for classes jié		

◎ 从你学过的词语里选择合适的词与下面的词语搭配。**Use the proper words you've learnt to match the words below.**

现在＿＿＿＿＿＿＿＿＿＿＿＿＿＿　　　＿＿＿＿＿＿＿＿＿＿＿＿＿＿点
xiànzài　　　　　　　　　　　　　　　　　　　　　　　　　　　　diǎn

＿＿＿＿＿＿＿＿＿＿＿＿＿＿休息
　　　　　　　　　　　　　　xiūxi

句子　Sentences

1. 现在几点?　What time is it now?
   Xiànzài jǐ diǎn?

2. 现在七点半。It's half past seven now.
   Xiànzài qī diǎn bàn.

3. 你们明天上课吗？ Do you have any classes tomorrow?

Nǐmen míngtiān shàng kè ma?

4. 明天是周末，不上课。 Tomorrow is the weekend, I have no classes.

Míngtiān shì zhōumò, bú shàng kè.

5. 你每天几点起床？ When do you get up everyday?

Nǐ měitiān jǐ diǎn qǐ chuáng?

6. 早上七点起床。 I get up at seven in the morning.

Zǎoshang qī diǎn qǐ chuáng.

7. 你中午休息吗？ Do you take a rest at noon?

Nǐ zhōngwǔ xiūxi ma?

◎ 看看下面的图片，想一想他们可能说了什么。**Look at the pictures and think what they might say.**

对话 1   **Dialog 1**

朱丽： 现在几¹点？
Zhūlì: Xiànzài jǐ diǎn?

英爱： 七点半²。
Yīng'ài: Qī diǎn bàn.

朱丽: 你们每天几点上课?
Zhūlì: Nǐmen měitiān jǐ diǎn shàng kè?

英爱: 八点。
Yīng'ài: Bā diǎn.

朱丽: 你们明天上课吗?
Zhūlì: Nǐmen míngtiān shàng kè ma?

英爱: 明天是周末，不上课。
Yīng'ài: Míngtiān shì zhōumò, bú shàng kè.

Julie: What time is it now?
Yingai: It's half past seven.
Julie: When do the classes begin everyday?
Yingai: At eight o'clock.
Julie: Do you have any classes tomorrow?
Yingai: Tomorrow is the weekend, I have no classes.

1 In Chinese 几 is often used to ask about the number less than 10, for example, 你家有几口人? （How many people are there in your family?）你的房间里有几个人? （How many people are there in your room?）When asking the time, 现在几点? （What time is it?）is used.

2 There are several ways to tell the time in Chinese.
1. An hour: a numeral word + 点, e.g. 7点, 9点.
2. Half an hour: a numeral word + 点 + 半, e.g. 7点半, 8点半.
3. Other time: a numeral word + 点 + a numeral word（十分）, e.g. 7点8分, 10点23（分）.

◉ 根据对话1回答问题。**Answer the questions according to Dialog 1.**

1. 英爱每天几点上课?
Yīng'ài měitiān jǐ diǎn shàng kè?

2. 明天英爱上课吗?
Míngtiān Yīng'ài shàng kè ma?

◉ 画线连接，组成对话。**Draw lines to complete the dialogs.**

1 现在几点?
Xiànzài jǐ diǎn?

a 八点上课。
Bā diǎn shàng kè.

2 你们明天上课吗?
Nǐmen míngtiān shàng kè ma?

b 七点半。
Qī diǎn bàn.

3 你们每天几点上课?
Nǐmen měitiān jǐ diǎn shàng kè?

c 明天是周末，不上课。
Míngtiān shì zhōumò, bú shàng kè.

对话 2 | Dialog 2

王浩: 你每天几点起床?
Wáng Hào: Nǐ měitiān jǐ diǎn qǐ chuáng?

杰克: 早上七点起床, 晚上十二点
Jiékè: Zǎoshang qī diǎn qǐ chuáng, wǎnshang
睡觉。
shí'èr diǎn shuì jiào.

王浩: 中午休息吗?
Wáng Hào: Zhōngwǔ xiūxi ma?

杰克: 不休息。你呢?
Jiékè: Bù xiūxi. Nǐ ne?

王浩: 我六点³起床, 中午睡一会儿⁴。
Wáng Hào: Wǒ liù diǎn qǐ chuáng, zhōngwǔ shuì
yíhuìr.

杰克: 你们下午几点上课?
Jiékè: Nǐmen xiàwǔ jǐ diǎn shàng kè?

王浩: 两⁵点上课。
Wáng Hào: Liǎng diǎn shàng kè.

杰克: 上几节课?
Jiékè: Shàng jǐ jié kè?

王浩: 两节。
Wáng Hào: Liǎng jié.

Wang Hao: When do you get up everyday?
Jack: I get up at seven in the morning and go to bed at midnight.
Wang Hao: Do you take a rest at noon?
Jack: No, and you?
Wang Hao: I get up at six and have a short nap at noon.
Jack: When do the classes begin in the afternoon?
Wang Hao: At two o'clock.
Jack: How many classes do you have?
Wang Hao: Two.

3 In Chinese words denoting the time is often placed before verbs, e.g. 我9点上课, instead of 我上课9点.

4 一会儿 indicates a short time and is used after verbs. 中午睡一会儿 means *to have a nap of about 10 or 20 minutes at noon*.

5 2 should be read as 两 (liǎng) instead of 二 (èr) when used before a measure word or to indicate the time. E.g. 两天 (liǎng tiān, two days) 两个 (liǎng ge, two).

Knowledge: The habit of taking a nap in China

Before Chinese people had the habit of taking a nap. Most of people started their afternoon's work after a half-an-hour or even longer nap at noon. Even the people working at the government departments were not exceptions. At that time, foreigners felt inconvenient when they came to China. As long as they came atound the noon time, no matter how important business it was, they had to wait until two o'clock in the came atound, if in summer, even until half past two. However, China is more and more internationalized nowadays. Although most of the Chinese still catch a nap if conditions permitting, government departments and many companies set the working time in line with international rules. At present foreigners needn't to wait to do business with Chinese government at noon, because all the departments start working shortly after lunch.

● 根据对话2补全下面这段话。Complete the following paragraph according to Dialog 2.

杰克每天早上7点＿＿＿＿＿＿＿＿＿晚上12点＿＿＿＿＿＿＿＿＿＿，中午不休息。
Jiékè měitiān zǎoshang qī diǎn   wǎnshang shí'èr diǎn   zhōngwǔ bù xiūxi.

王浩＿＿＿＿＿＿＿＿＿＿起床，中午睡＿＿＿＿＿＿＿＿＿，下午上＿＿＿＿＿＿＿＿课。
Wáng Hào   qǐ chuáng, zhōngwǔ shuì   xiàwǔ shàng   kè.

活动 Activities

一、看图学词语 Look and Learn Words

从词库里选择词语回答老师的问题。*Choose the proper words from the word box to answer the teacher's questions.*

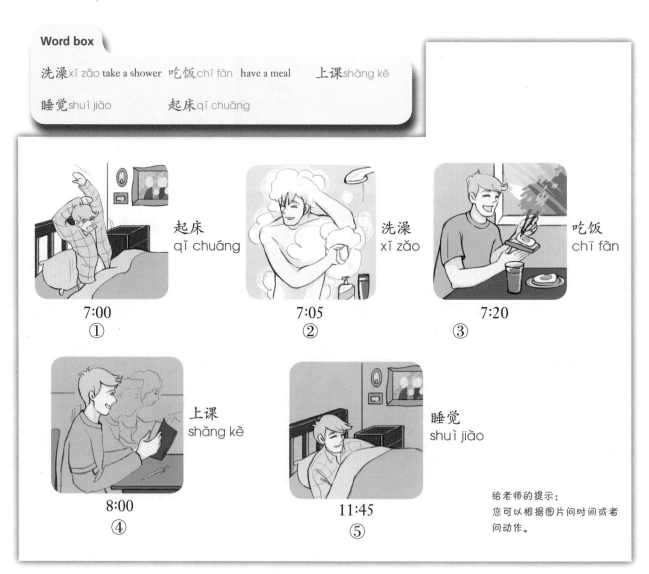

Word box

洗澡 xǐ zǎo take a shower   吃饭 chī fàn have a meal   上课 shàng kè

睡觉 shuì jiào   起床 qǐ chuáng

起床
qǐ chuáng
7:00
①

洗澡
xǐ zǎo
7:05
②

吃饭
chī fàn
7:20
③

上课
shàng kè
8:00
④

睡觉
shuì jiào
11:45
⑤

给老师的提示：
您可以根据图片问时间或者问动作。

二、双人活动 Pair Work

两人一组，先把你每天的时间安排填在表格上，然后向同伴询问，并回答他/她的问题。*Work in pairs. Each student fills in the following daily schedule and then asks and answers the questions with a partner.*

Activity	Jack	You	Your partner	Your teacher
起床 qǐ chuáng	7:00			
洗澡 xǐ zǎo	7:05			
吃饭 chī fàn	7:20			
上课 shàng kè	8:00			
下课 xià kè	12:00			
睡觉 shuì jiào	23:45			

Time permitting, ask the teacher about them.

三、全班活动 Class Work

根据你了解到的情况，给全班同学介绍一下你的同伴每天的时间安排。*According to Activity 2, describe your partner's daily schedule to the class.*

> **Sentence pattern**
>
> 他/（她）每天_____起床，_____吃饭，……
> Tā měitiān qǐ chuáng, chī fàn, ...

四、回答问题 Answer the Questions

想一想今天是几号，然后填好表格再回答问题。*What's the date today? Please fill in the table and answer the questions.*

星期 xīnqī Week	星期一 xīnqīyī Monday	星期二 xīnqī'èr	星期三 xīnqīsān	星期四 xīnqīsì	星期五 xīnqīwǔ	星期六 xīnqīliù	星期天 xīnqītiān
日期 rìqī Date							

1. 今天几号？ What's the date today?
   Jīntiān jǐ hào?

27

2. 今天星期几？ What day is today?
   Jīntiān xīngqī jǐ?

3. 明天几号？ What's the date tomorrow?
   Míngtiān jǐ hào?

4. 明天星期几？ What day is tomorrow?
   Míngtiān xīngqī jǐ?

5. 昨天几号？ What was the date yesterday?
   Zuótiān jǐ hào?

6. 昨天星期几？ What day was yesterday?
   Zuótiān xīngqī jǐ?

五、你来试试 Your Turn

熟读下面这段话，然后试着说说你自己。 *Read the following paragraph and then try to say about yourself.*

昨天 yesteray 7号，是星期天。我早上9点起床，晚上12点睡觉。今天8号，是星期一，我早上7点起床，上午8点半上课，下午我休息。我们6点半吃 晚饭 dinner，晚上11点睡觉。

Zuótiān qī hào, shì xīngqītiān. wǒ zǎoshang jiǔ diǎn qǐ chuáng, wǎnshang shí'èr diǎn shuì jiào. Jīntiān bā hào, shì xīngqīyī, wǒ zǎoshang qī diǎn qǐ chuáng, shàngwǔ bā diǎn bàn shàng kè, xiàwǔ wǒ xiūxi. Wǒmen liù diǎn bàn chī wǎnfàn, wǎnshang shíyī diǎn shuì jiào.

六、语音练习 Pronunciation Practice

1. 熟读下列词语。 *Read the following words well.*

几	七	半	四	五
jǐ	qī	bàn	sì	wǔ

现在	周末	上课	中午	休息
xiànzài	zhōumò	shàng kè	zhōngwǔ	xiūxi

2. 声母练习。 *Practice consonants.*
   zhou–zou   shui–sui   zai–zhai

3. 韵母练习。 *Practice vowels.*
   men–meng   chuang–chuan   xian–xiang

4. 声调练习。 *Practice tones.*
   jǐ–jì   bàn–bān   shí–shì

七、替换练习 Substitution

用表格右侧的词语替换句中画线的部分，并说出完整的句子。*Use the words on the right side to say several new and complete sentences.*

1. 现在 3点 。 Xiànzài sān diǎn.	5：00 wǔ diǎn	6：40 liù diǎn sìshí	12：10 shí'èr diǎn shí fēn
2. 你明天 上课 吗? Nǐ míngtiān shàng kè ma?	休息 xiūxi	学汉语 xué Hànyǔ	去网吧 go to a net café qù wǎngbā
3. 你每天几点 上课 ? Nǐ měi tiān jǐ diǎn shàng kè?	睡觉 shuì jiào	起床 qǐ chuáng	上班 go to work shàng bān

八、填空 Fill In the Blanks

选择合适的疑问代词填空。*Fill in each blank with a proper interrogative pronoun.*

什么　哪　几　谁 who, whom
shénme　nǎ　jǐ　shéi

1. 现在有 (　　) 个人?
   Xiànzài yǒu　ge rén?

2. 他是 (　　) 国人?
   Tā shì　guó rén?

3. 他叫 (　　) 名字?
   Tā jiào　míngzi?

4. 他姓 (　　) ?
   Tā xìng

5. 他是 (　　) ?
   Tā shì

九、看图说话 Talk About the Pictures

试着用汉语给同伴说说图片上的事情。*Talk about the pictures with a partner in Chinese.*

Word box

玩儿游戏 wánr yóuxì play games

刷牙 shuā yá brush one's teeth

①　　　　　②　　　　　③　　　　　④

十、课堂游戏 Games

学说绕口令。 *Learn to say the tongue twister.*

白兔是白肚，黑兔是黑肚。
Bái tù shì bái dù, hēi tù shì hēi dù.

白兔不是黑肚，黑兔不是白肚。
Bái tù bú shì hēi dù, hēi tù bú shì bái dù.

A white rabbit has a white stomach, and a black rabbit has a black stomach.
A white rabbit doesn't have a black stomach, and a black rabbit doesn't have a white stomach.

常用语句 | Useful Language

太累了!
Tài lèi le!
I'm too tired!

Word box

忙 máng busy

热 rè hot

冷 lěng cold

生活汉字 | Chinese Characters in Our Lives

休息室
xiūxi shì
lounge

教学楼
jiāoxué lóu
teaching building

这个多少钱?
Zhège duōshao qián?

How Much Is It?

目标 Objectives

1 学习人民币的表达法 *Learn the expressions of Renminbi*
2 学会问商品的价格 *Learn to ask for a price*

准备 Preparation

◎ 这是多少钱? **How much is it?**

100元
yìbǎi yuán
①

50元
wǔshí yuán
②

20元
èrshí yuán
③

10元
shí yuán
④

5元
wǔ yuán
⑤

1元
yì yuán
⑥

5角
wǔ jiǎo
⑦

1角
yì jiǎo
⑧

这个多少钱?

生词 New Words

1 售货员 shop assistant shòuhuòyuán	2 买 buy mǎi	3 三 three sān
4 块 kuài, fractional Renminbi unit that equals yuan kuài		5 二 two èr
6 那 that, those nà	7 那个 that nàge	8 多少 how many, how much duōshao
9 钱 money qián	10 五 five wǔ	11 要 want yào	12 拿 take ná
13 方便面 instant noodle fāngbiànmiàn	14 还 still hái *(is still want / I want more)*	15 啤酒 beer píjiǔ
16 瓶 a measure word for bottles píng	17 一共 altogether yígòng	18 九 nine jiǔ
19 零钱 money of small denominations língqián	20 没有 no, not méiyǒu	
21 毛 mao, fractional Renminbi unit that equals jiao or 0.1 yuan or 10 fen máo	22 谢谢 thank xièxie	

○ 从你学过的词语里选择合适的词与下面的词语搭配。**Use the proper words you've learnt to match the words below.**

没有 _____
méiyǒu

多少 _____
duōshao

要 _____
yào

句子 Sentences

1. 你买什么? **What do you want to buy?**

    Nǐ mǎi shénme?

2. 我买这个。 I want to buy this.

Wǒ mǎi zhège.

3. 那个多少钱一个? How much is that one?

Nàge duōshao qián yí ge?

4. 五块八一个。 5.8 kuai for each.

Wǔ kuài bā yí ge.

5. 拿一个方便面。 I want a pack of instant noodle.

Ná yí ge fāngbiànmiàn.

6. 你还要什么? What else do you want?

Nǐ hái yào shénme?

7. 一共多少钱? How much are these altogether?

Yígòng duōshao qián?

8. 有零钱吗? Do you have small change?

Yǒu língqián ma?

○ 看看下面的图片，想一想他们可能说了什么。 Look at the pictures and think what they might say.

①

②

这个多少钱?

售货员: 你买什么?
Shòuhuòyuán: Nǐ mǎi shénme?

朱丽: 我买这[1]个。
Zhūlì: Wǒ mǎi zhège.

售货员: 这个三块二。
Shòuhuòyuán: Zhège sān kuài èr.

朱丽: 那[1]个多少钱一个?
Zhūlì: Nàge duōshao qián yí ge?

售货员: 五块八一个。
Shòuhuòyuán: Wǔ kuài bā yí ge.

朱丽: 我要这个。
Zhūlì: Wǒ yào zhège.

售货员: 要几[2]个?
Shòuhuòyuán: Yào jǐ ge?

朱丽: 两个。
Zhūlì: Liǎng ge.

Shop assistant: What do you want to buy?
Julie: I want to buy this.
Shop assistant: It costs 3.2 kuai.
Julie: How much is that one?
Shop assistant: 5.8 kuai for each.
Julie: I want this.
Shop assistant: How many do you want?
Julie: Two.

1 Pronunciations of 这 and 那
Besides zhè, 这 is also read as zhèi in oral Chinese, and 这个 is read as zhèige.
Besides nà, 那 is also read as nèi in oral Chinese, and 那个 is read as nèige.

2 Both 几 and 多少 are used to ask the number. 几 is usually used to ask the number less than 10 and the time, while 多少 is used to ask the number more than 10 and money. For example, 你们学校有多少人? (How many people are there in your school?) 你有多少钱? (How much money do you have?)

● 根据对话1选择合适的句子填空。**Fill in the blanks with proper sentences according to Dialog 1.**

你买什么? Nǐ mǎi shénme?	
	五块八一个。 Wǔ kuài bā yí ge.
要几个? Yào jǐ ge?	

对话2 Dialog 2

jí

售货员:	你要什么?
Shòuhuòyuán:	Nǐ yào shénme?
杰克:	拿一个方便面。多少钱?
Jiékè:	Ná yí ge fāngbiànmiàn. Duōshao qián?
售货员:	三块五。还要什么?
Shòuhuòyuán:	Sān kuài wǔ. Hái yào shénme?
杰克:	啤酒多少钱一瓶?
Jiékè:	Píjiǔ duōshao qián yì píng?
售货员:	三块。
Shòuhuòyuán:	Sān kuài.
杰克:	要两瓶。一共多少钱?
Jiékè:	Yào liǎng píng. Yígòng duōshao qián?
售货员:	一共九块五。
Shòuhuòyuán:	Yígòng jiǔ kuài wǔ.
杰克:	这是十块。
Jiékè:	Zhè shì shí kuài.
售货员:	有零钱吗?
Shòuhuòyuán:	Yǒu língqián ma?
杰克:	没有[3]。
Jiékè:	Méiyǒu.
售货员:	这是五毛。
Shòuhuòyuán:	Zhè shì wǔ máo.

when giving change and paying

杰克:	谢谢!
Jiékè:	Xièxie!

Shop assistant: What do you want (to buy)?

Jack: I want a pack of instant noodle. How much is it?

Shop assistant: 3.5 kuai. What else do you want?

Jack: How much is a bottle of beer?

Shop assistant: 3 kuai.

Jack: I want two bottles. How much are these altogether?

Shop assistant: 9.5 kuai altogether.

Jack: This is 10 kuai.

Shop assistant: Do you have small change?

Jack: No, I haven't.

Shop assistant: This is the change of 5 mao.

Jack: Thanks.

3 The antonym of 有 is 没有 instead of 不有.

Knowledge: 元/块 and 角/毛

　元 and 角 are the basic Renminbi unit, but people often use 块 and 毛 in oral Chinese, for example, we can say 5块4毛, which has the same meaning as 5.4元 (5元4角).

这个多少钱?

○ 画线连接，组成对话。Draw lines to complete the dialogs.

1 你要什么?
　Nǐ yào shénme?

2 啤酒多少钱一瓶?
　Píjiǔ duōshao qián yì píng?

3 一共多少钱?
　Yígòng duōshao qián?

a 一共九块五。
　Yígòng jiǔ kuài wǔ.

b 拿一个方便面。
　Ná yí ge fāngbiànmiàn.

c 三块。
　Sān kuài.

活动　Activities

一、看图学词语　Look and Learn Words

从词库里选择词语写在合适的图片下边。*Choose the proper words from the word box and write them under the related pictures.*

Word box
mài dāng láo

(pútáo)

葡萄 pútáo grape　　橘子 júzi orange　　面包 miànbāo bread

汉堡包 hānbǎobāo hamburger　橙汁 chéngzhī orange juice

可乐 kělè coke

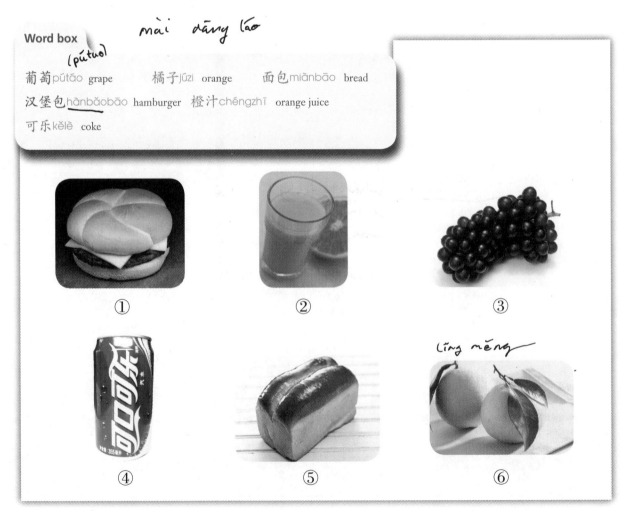

①　　　　　　　②　　　　　　　③

líng méng

④　　　　　　　⑤　　　　　　　⑥

二、模拟情景 Simulation of the Scene

两人一组，根据图片上的商品和价格，做买东西的对话练习。*Work in pairs. Make a dialog of buying and selling commodities according to the items and the prices in the pictures.*

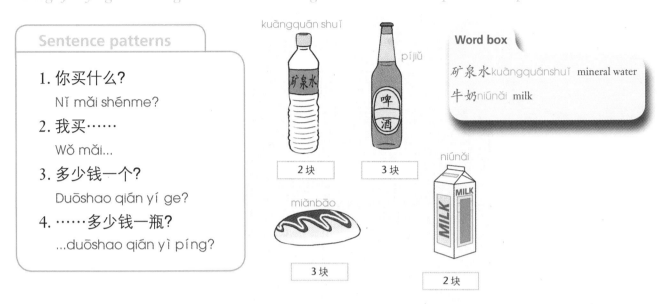

Sentence patterns

1. 你买什么？
   Nǐ mǎi shénme?

2. 我买……
   Wǒ mǎi...

3. 多少钱一个？
   Duōshao qián yí ge?

4. ……多少钱一瓶？
   ...duōshao qián yì píng?

kuāngquán shuǐ

píjiǔ

2块   3块

miànbāo

niúnǎi

3块

2块

Word box

矿泉水 kuāngquánshuǐ mineral water
牛奶 niúnǎi milk

三、双人活动 Pair Work

1. 你和同伴分别是两个小卖部的老板。先给自己的商品定好价钱，然后去你的同伴那里问一下他/她的商品的价钱。*Both you and your partner are owners of two small shops. Please price the commodities of your own shop first, and then go to your partner's shop and ask the prices.*

Name of commodity	Price
面包（个）miànbāo (gè)	
方便面（个）fāngbiànmiàn (gè)	
矿泉水（瓶）kuāngquánshuǐ (píng) (mineral water)	
橙汁（瓶）chéngzhī (píng)	
啤酒（瓶）píjiǔ (píng)	
汉堡包（个）hànbǎobāo (gè)	
苹果（斤）píngguǒ (jīn) (apple)	
橘子（斤）júzi (jīn)	
葡萄（斤）pútáo (jīn)	

2. 向全班同学公布你店里商品的定价，然后大家一起评选一个最好的商店。*Each student announces his/her price list to the class. The class selects a best shop.*

给教师的提示：

您可以让一个学生公布价格，并鼓励其他同学说出自己觉得更合理的价格。

四、全班活动 Class Work

周末你们想开一个晚会，但只能花100块钱买食品。如果去刚才大家选出的那个好商店买东西，大家商量一下买什么东西，怎么花这100块钱。*Suppose that you plan to hold a party on the weekend. You have only 100 yuan to buy foods. If going to that best shop just selected, discuss what you will buy and how to spend the 100 yuan.*

> *Use the table to prepare yourself and then discuss with others.*

	想买什么？	花多少钱？
1		
2		
3		
4		
5		

给教师的提示：
同学们说的时候，您可以为他们在黑板上做记录。

五、你来试试 Your Turn

熟读下面这段话，然后试着说说你自己。*Read the following paragraph well and then try to say about yourself.*

我去买方便面和啤酒。方便面三块五一个，很 贵 expensive，啤酒三块钱一瓶，很 便宜 cheap，我买 了 a modal particle 一个方便面、两瓶啤酒,一共九块五。

Wǒ qù mǎi fāngbiànmiàn hé píjiǔ. Fāngbiànmiàn sān kuài wǔ yí ge, hěn guì, píjiǔ sān kuài qián yì píng, hěn piányi, wǒ mǎi le yí ge fāngbiànmiàn, liǎng píng píjiǔ, yígòng jiǔ kuài wǔ.

六、语音练习 Pronunciation Practice

1. 熟读下列钱数。*Read the following sum of money well.*

0.10块	0.20块	0.35块	0.84块	
yì máo	liǎng máo	sān máo wǔ	bā máo sì	

1.00块	2.00块	3.20块	4.30块	5.40块
yí kuài	liǎng kuài	sān kuàièr	sì kuài sān	wǔ kuài sì

9.08块	5.06块	10.12块	8.53块
jiǔ kuài líng bā fēn	wǔ kuài líng liù fēn	shí kuài yī máo èr	bā kuài wǔ máo sān

20块	38块	55块	96块
èrshí kuài	sānshí bā kuài	wǔshí wǔ kuài	jiǔshí liù kuài

| 125块 | 102块 | 210块 | 315块 |
| Yìbǎi èrshíwǔ kuài | yìbǎi líng'èr kuài | èrbǎi yīshí kuài | sānbǎi yīshíwǔ kuài |

2. 声母练习。*Practice consonants.*

zhe–zhei　　　na–nei　　　gong–kong

3. 韵母练习。*Practice vowels.*

qian–qiang　　　ping–pin　　　kuai–kai

4. 声调练习。*Practice tones.*

hái–hài　　　miàn–mián　　　jiǔ–jiù

七、替换练习 **Substitution**

用表格右侧的词语替换句中画线的部分，并说出完整的句子。*Use the words on the right side to say several new and complete sentences.*

1. 我买<u>这个</u>。	那个	面包	水
Wǒ mǎi zhège.	nàge	miànbāo	shuǐ

2. 拿一<u>个方便面</u>。	面包/个	啤酒/瓶	电话卡/张 phone card/a measure
Ná yí ge fāngbiànmiàn.	miànbāo/gè	píjiǔ/píng	word for paper, paintings, leather, etc.
			diànhuà kǎ/zhāng

3. <u>啤酒</u>多少钱一<u>瓶</u>？	方便面/个	矿泉水/瓶	西瓜/斤 watermelon/ jin, unit of weight
Píjiǔ duōshao qián yì píng?	fāngbiànmiàn/gè	kuàngquánshuǐ/píng	xīguā / jīn

八、填空 **Fill In the Blacks**

选择合适的量词填空。*Fill in each blank with a proper measure word.*

gè　　píng

个　　瓶

1. 一（　）方便面　　　2. 一（　）矿泉水　　　3. 一（　）可乐(coke)
　　yī（　）fāngbiànmiàn　　　yī（　）kuàngquánshuǐ　　　yī（　）kělè

4. 一（　）面包　　　5. 一（　）啤酒　　　6. 一（　）汉堡包
　　yī（　）miànbāo　　　yī（　）píjiǔ　　　yī（　）hànbǎobāo

这个多少钱？

九、看图说话 Talk About the Pictures

试着用汉语给同伴说说图片上的事情。*Talk about the pictures with a partner in Chinese.*

图A

图B

① ② ③ ④

十、课堂游戏 Games

拍卖会。每个同学拿出自己的一样东西，如本子、笔、手表、手机等，定出基本价格，然后向大家拍卖，其他同学喊出自己想买的价格。注意，只能往多拍，不能往少拍。

An auction. Each student brings a personal article such as a notebook, pen, watch, mobile phone and etc. to the class, and gives a base price. Other students bid for it. The price should go higher and higher.

常用语句 Useful Language

怎么办?
Zěnmebàn?
What shall I do?

生活汉字 Chinese Characters in Our Lives

小卖部
xiǎomàibù
convenient shop

超市
chāoshì
supermarket

这件衣服真漂亮!
Zhè jiàn yīfu zhēn piàoliang!

What a Pretty Dress It Is!

目标 **Objectives**

1 学会买东西时讨价还价 *Learn how to bargain when shopping*
2 学会买衣服时提出要求 *Learn to make a request when buying clothes*

准备 **Preparation**

● 你想买什么? **What do you want to buy?**

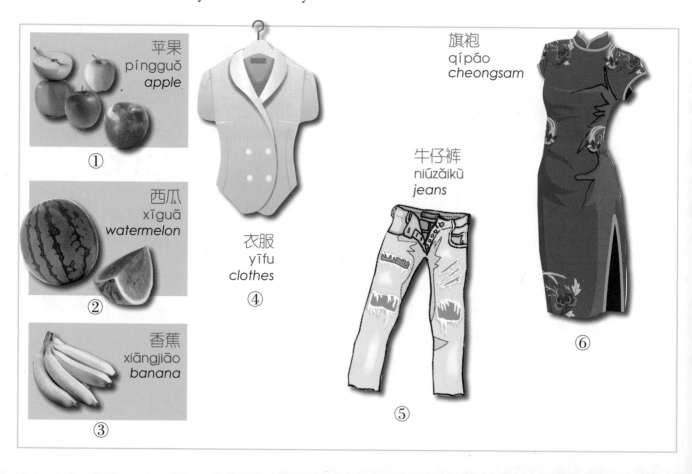

苹果
pínguǒ
apple
①

西瓜
xīguā
watermelon
②

香蕉
xiāngjiāo
banana
③

衣服
yīfu
clothes
④

旗袍
qípáo
cheongsam
⑥

牛仔裤
niúzǎikù
jeans
⑤

S – xiǎo hào M → zhōng hào L → dà hào
piányì
XL – jiā dà hào

生词 New Words

小   不再 我是小 l
△

driver (men)
āyí (middleager)   shūshu (uncle) (stranger)

1 师傅 a respectful form of address for a skilled worker shīfu			
2 苹果 apple píngguǒ	3 怎么 how zěnme	4 卖 sell mài	5 摊主 stand owner tānzhǔ
6 斤 jin, unit of weight, equal to 500g jīn		7 便宜 cheap piányi	8 一点儿 a little yìdiǎnr
9 吧 a modal particle ba	10 行 OK xíng	11 小 small xiǎo	12 来 do, buy, take (come) lái
13 件 a measure word for individual matters or things jiàn	wǒ yào zhè jiàn		14 衣服 clothes yīfu
15 真 really zhēn	16 漂亮 pretty piàoliang pia	17 旗袍 cheongsam qípáo	18 六 six liù
19 百 hundred bǎi	20 可以 OK kěyǐ	21 试 try shì	22 颜色 color yánsè
23 红 red hóng	24 太 too tài	☑ 太 太	
25 了 a modal particle used to indicate the completion of an action le			26 大 large dà
27 大号 large size dà hào	28 小票 purchase voucher xiǎopiào recept	29 收款台 cashier's desk shōu kuǎn tái (shōu yín tái	30 在 at, in zài

点
行
△
▽

yī jiàn yīfu fā piào – taxi receipt   piányi   🌿 🌿 kěyǐ

◉ 从你学过的词语里选择合适的词与下面的词语搭配。Use the proper words you've learnt to match the words below.

piān yì   piào liang   yī fu
          yī yī jiàn

可以 _____   卖 _____
kěyǐ   mài

红 _____   _____ 漂亮
hóng   piàoliang

ni   cheap – piān yì   yīfu
Liu   pretty – piào liang   kěyǐ
            ti gānsè

句子 Sentences

1. 苹果怎么卖? How much do the apples cost?
   Píngguǒ zěnme mài?

2. 便宜（一）点儿吧? Could it be a little cheaper?
   Piányi（yì）diǎnr ba?

3. 三块行不行? How about 3 kuai?
   Sān kuài xíng bu xíng?

4. 可以试试吗? May I try it on?
   Kěyǐ shìshi ma?

5. 你要什么颜色的? What color do you want?
   Nǐ yào shénme yánsè de?

6. 太小了，有大（一）点儿的吗? It's too small, and do you have a larger one?
   Tài xiǎo le, yǒu dà（yì）diǎnr de ma?

7. 我要大号的。 I want the large size.
   Wǒ yào dà hào de.

8. 收款台在哪儿? Where is the cashier's desk?
   Shōu kuǎn tái zài nǎr?

○ 看看下面的图片，想一想他们可能说了什么。Look at the pictures and think what they might say?

① ② ③

对话 1 | Dialog 1

yī jiàn

英爱：　师傅，苹果怎么卖？
Yīng'ài:　Shīfu, píngguǒ zěnme mài?

摊主：　五块一斤。
Tānzhǔ:　Wǔ kuài yì jīn.

英爱：　便宜（一）点儿吧？
Yīng'ài:　Piányi（yì）diǎnr ba.

摊主：　不行。小的便宜。
Tānzhǔ:　Bù xíng. Xiǎo de piányi.

英爱：　小的多少钱一斤？
Yīng'ài:　Xiǎo de duōshao qián yì jīn?

摊主：　三块五。
Tānzhǔ:　Sān kuài wǔ.

英爱：　三块行不行？
Yīng'ài:　Sān kuài xíng bu xíng?

dà bu dà
is more interrogative

摊主：　行。要几斤？
Tānzhǔ:　Xíng. Yào jǐ jīn?

是 是

英爱：　来两斤。
Yīng'ài:　Lái liǎng jīn.

qǐng dǎo

Knowledge: 斤 and 公斤

Most Chinese use 斤（500g）and 两（50g）as units of weight when they buy fruit and vegetables. But in some places such as Xinjiang Uygur Autonomous Region, 公斤 is used as a unit of weight.

Ying'ai:	Sir, how much do the apples cost?
Stand owner:	5 kuai per jin.
Ying'ai:	Could it be a little cheaper?
Stand owner:	No, the small ones are cheaper.
Ying'ai:	How much do the small ones cost?
Stand owner:	3.5 kuai.
Ying'ai:	How about 3 kuai?
Stand owner:	OK. How many do you want?
Ying'ai:	I want 2 jin.

1 "吧" indicates a request. "吧" used at the end of a sentence, indicates a soft tone of discussion and request.

V + V → try

● 根据对话1选择合适的句子填空。**Fill in the blanks with proper sentences according to Dialog 1.**

衣

	不行。小的便宜。 Bù xíng. Xiǎo de piányi.
三块行不行？ Sān kuài xíng bu xíng?	
要几斤？ Yào jǐ jīn?	

45

这件衣服真漂亮！

对话2 Dialog 2

朱丽： 这件衣服真漂亮。
Zhūlì: Zhè jiàn yīfu zhēn piàoliang.

售货员： 这是旗袍，来一件吧。
Shòuhuòyuán: Zhè shì qípáo, lái yí jiàn ba.

朱丽： 多少钱？
Zhūlì: Duōshao qián?

售货员： 六百八。
Shòuhuòyuán: Liùbǎi bā.

朱丽： 可以试试吗？
Zhūlì: Kěyǐ shìshi ma?

售货员： 可以。你要什么颜色的？
Shòuhuòyuán: Kěyǐ. Nǐ yào shénme yánsè de?

朱丽： 红的[2]。
Zhūlì: Hóng de.

（试了以后）

朱丽： 太小了，有大（一）点儿[3]的吗？
Zhūlì: Tài xiǎo le, yǒu dà (yì) diǎnr de ma?

售货员： 有。
Shòuhuòyuán: Yǒu.

朱丽： 我要大号的。
Zhūlì: Wǒ yào dà hào de.

售货员： 好的。这是小票。
Shòuhuòyuán: Hǎo de. Zhè shì xiǎopiào.

朱丽： 收款台在[4]哪儿？
Zhūlì: Shōu kuǎn tái zài nǎr?

2 "Adjective + 的" equals to a noun in a sentence. In this unit 小的, 红的 means 小的苹果 and 红的旗袍. In the structure of "noun + 的", the words after 的 can be omitted sometimes. 什么颜色的 means 什么颜色的旗袍.

Julie: What a pretty dress it is!
Shop assistant: It's cheongsam. Buy one.
Julie: How much is it?
Shop assistant: 680 yuan.
Julie: May I try it on?
Shop assistant: Of course. What color do you want?
Julie: I want the red one.

(After Julie tries it on.)

Julie: It's too small, and do you have a larger one?
Shop assistant: Yeah, we have.
Julie: I want the large size.
Shop assistant: OK. It's the purchase voucher.
Julie: Where is the cashier's desk?

3 （一）点儿 used after adjectives, indicates a small and uncertain amount. It has the meaning of contrast. E.g. 我吃药以后，好（一）点儿了。 means I felt better after I took some medicine, in contract with the condition before I took the medicine.

4 Here 在 is a preposition. "在 + location" indicates a specific location, and the grammatical structure is "someone + 在 + location + doing something".

○ 画线连接，组成对话。**Draw lines to complete the dialogs.**

1 可以试试吗？
Kěyǐ shìshi ma?

a 红色。
Hóng sè.

2 太小了，有大（一）点儿的吗？
Tài xiǎo le, yǒu dà（yì）diǎnr de ma?

b 可以。
Kěyǐ.

3 你要什么颜色的？
Nǐ yào shénme yánsè de?

c 有。
Yǒu.

活动 Activities

1syllable + lǎoshī
adj
2.2syllable + lǎoshī + de
adj ⌢

adj + de

对 dui

一、看图学词语 Look and Learn Words

1. 从词库里选择词语写在合适的图片下边。*Choose the proper words from the word box and write them under the related pictures.*

红色

Word box

红色hóng sè　绿色lǜ sè　　黄色huáng sè　白色bái sè　黑色hēi sè　蓝色lán sè

灰色huī sè　咖啡色kāfēi sè　粉色fěn sè　　米色mǐsè　深shēn　　浅qiǎn

2. 在教室里找一找，看看能找到多少种颜色？和同伴一起商量，看看这些颜色汉语怎么说。*How many kinds of colors can you find in your classroom? Discuss with a partner on how to say these colors in Chinese.*

Your can ask the teacher when encountering unknown words or phrases.

二、看图选择 Look and Choose

你去商店买东西的时候，应该怎么问价钱呢？请你选择合适的问句，并把句子的序号填在商品下面的小框里。*How do you ask the price when you shop? Please choose proper questions and fill the serial numbers in the blanks below the items.*

> **Word box**
>
> 个 gè   瓶 píng   件 jiàn   条 tiáo a measure word for long and thin things
>
> 杯子 bēizi cup   衣服 yīfu   裤子 kùzi trousers

1. ......多少钱一个?
   ...duōshao qián yí ge?

2. ......多少钱一斤?
   ...duōshao qián yì jīn?

3. ......多少钱一瓶?
   ...duōshao qián yì píng?

4. ......多少钱一件?
   ...duōshao qián yí jiàn?

5. ......多少钱一条?
   duōshao qián yì tiáo?

三、模拟情景 Simulation of the Scene

砍价。2—3人一组进行购物练习。*Bargaining: work in a group of 2 or 3 to practice bargaining in Chinese.*

"Shop assistants" should price the commodities and prepare some price tags. "Customers" should plan what they want to buy and how much is acceptable.

> **Word box**
>
> 大 dà   小 xiǎo   酸 suān sour
>
> 甜 tián sweet   长 cháng long   短 duǎn short
>
> T恤衫 T-xù shān T-shirt   牛仔裤 niúzǎikù jeans

Sentence patterns

1. _____怎么卖?
   zěnme mài?

2. _____多少钱一_____?
   duōshao qián yī

3. 太_____了，有没有_____（一）点儿的?
   tài   le，yǒu mei yǒu   （yì）diǎnr de?

买水果

苹果	葡萄
píngguǒ	pútáo
香蕉	橘子
xiāngjiāo	júzi
西瓜	
xīguā	

买衣服

T恤衫	红hóng	黄huáng	蓝lán
	绿lǜ	白bái	黑hēi
牛仔裤	蓝lán	白bái	黑hēi

给老师的提示
您可以先处理一下词库里的
生词和参考句型，然后再开
始。这一题也可以让学生课
后做一些准备，下一次上课
时再做。

四、你来试试 Your Turn

熟读下面这段话，然后试着说说你自己。*Read the following paragraph and then try to say about yourself.*

朱丽 想 want 买一件旗袍，六百八十块一件。朱丽试了一件红色的，但是 but 太小了。售货员 又 again 拿了一件大一点儿的。朱丽买了一件大的。

Zhūlì xiǎng mǎi yí jiàn qípáo, liùbǎi bāshí kuài yí jiàn. Zhūlì shì le yí jiàn hóngsè de, dànshì tài xiǎo le. Shòuhuòyuán yòu ná le yí jiàn dà yìdiǎnr de. Zhūlì mǎi le yí jiàn dà de.

五、语音练习 Pronunciation Practice

1. 熟读下列词语。*Read the following words well.*

卖	行	太	交	斤	真
mài	xíng	tài	jiāo	jīn	zhēn

苹果	便宜	颜色	漂亮	小票
píngguǒ	piányi	yánsè	piàoliang	xiǎopiào

49

2. 声母练习。*Practice consonants.*

se–she　　shou–sou　　zen–zhen

3. 韵母练习。*Practice vowels.*

ping–pin　　yan–yang　　guo–gou

4. 声调练习。*Practice tones.*

mǎi–mài　　zài–zāi　　piāo–piāo

六、替换练习　Substitution

用表格右侧的词语替换句中画线的部分，并说出完整的句子。*Use the words on the right side to say several new and complete sentences.*

1. 苹果怎么卖？ Píngguǒ zěnme mài?	旗袍 qípáo	啤酒 píjiǔ	香蕉 banana xiāngjiāo
2. 三块行不行？ Sān kuài xíng bu xíng?	20块 èrshí kuài	58块 wǔshíbā kuài	便宜点儿 a little cheaper piányi diǎnr
3. 太小了，有大点儿的吗？ Tài xiǎo le, yǒu dà diǎnr de ma?	长　短　肥 loose cháng　duǎn　féi		瘦 tight　深　浅 shòu　shēn　qiǎn
4. 这件衣服真漂亮。 Zhè jiàn yīfu zhēn piàoliang.	这条裤子 zhè tiáo kùzi	这件旗袍 zhè jiàn qípáo	这件T恤衫 T-shirt zhè jiàn T-xù shān
5. 真漂亮！ Zhēn piàoliang!	大 dà	好 hǎo	贵 expensive guì

七、填空　Fill In the Blanks

选择合适的量词填空。*Fill in each blank with a proper measure word.*

1. 衣服多少钱一（　　）？
Yīfu duōshao qián yī

2. 苹果多少钱一（　　）？
Píngguǒ duōshao qián yī

3. 面包多少钱一（　　）？
Miànbāo duōshao qián yī

4. 方便面多少钱一（　　）？
Fāngbiànmiàn duōshao qián yī

5. 裤子多少钱一（　　）？
Kùzi duōshao qián yī

6. 啤酒多少钱一（　　）？
Píjiǔ duōshao qián yī

八、看图说话　Talk About the Pictures

试着用汉语给同伴说说图片上的事情。*Talk about the pictures with a partner in Chinese.*

Word box

贵 guì expensive　　便宜 piányi cheap　　日用品 rìyòngpǐn commodity

毛巾 máojīn towel　　香皂 xiāngzào soap　　洗发液 xǐ fà yè shampoo

①

②

③

九、课堂游戏 Games

开超市。两人一组，给自己的超市进货。先将商品全部列出来，两个人商量好合适的价钱，然后向大家介绍。每个小组介绍完以后，全班同学进行比较：

给老师的提示：
鼓励学生找出所有他们会说的东西。

1 看看谁的超市东西最多？　　　**2** 看看谁的超市价格最合理？

Run a supermarket.

Work in pairs to run a supermarket. "Stock" your supermarket with goods and make a price list. Each pair introduce their list; the whole class compare each supermarket's commodities and decide: which supermarket stocks most goods and which pair price the goods most reasonablely.

Make sure that you can name the goods in Chinese. The more names you say, the better. You can draw a simple picture and write the name of every good in Pinyin on a piece of paper.

常用语句 | Useful Language

真 糟糕!
Zhēn zāogāo!
It's terrible!

生活汉字 | Chinese Characters in Our Lives

大减价
dà jiǎn jià
on sale

再来一个炒白菜
Zài lái yí ge chǎo báicài

And We Want a Sautéed Cabbage

目标　Objectives

1　学会点菜 *Learn to order food*
2　学会点主食 *Learn to order staple food*

准备　Preparation

◎ 这是什么菜（主食）？ **What kind of dish(staple food) is it?**

牛肉
niú ròu

红烧牛肉
hóngshāo niú ròu
*braised beef in
brown sauce*

白菜
báicài

炒白菜
chǎo báicài
sautéed cabbage

土豆
tǔdòu

炒土豆丝
chǎo tǔdòusī
*sautéed shredded
potato*

米饭　鸡蛋
mǐfàn jīdàn

蛋炒饭
dànchǎofàn
fried rice with egg

生词 New Words

1 服务员 waiter/waitress fúwùyuán	2 吃 eat chī	3 红烧 braise sth. in brown sauce hóngshāo
4 牛肉 beef niú ròu	5 再 again zài	6 炒 sauté, stir-fry chǎo	7 白菜 cabbage báicài
8 主食 staple food zhǔshí	9 碗 bowl wǎn	10 米饭 rice mǐfàn	11 茄子 eggplant qiézi
12 土豆 potato tǔdòu	13 丝 shred sī	14 和 and hé	15 面条 noodle miàntiáo
16 蛋 egg dàn	17 饭 rice fàn	18 别的 other bié de	

Proper Names

1 红烧牛肉 braised beef in brown sauce hóngshāo niú ròu	2 炒白菜 sautéed cabbage chǎo báicài
3 红烧茄子 braised eggplant in brown sauce hóngshāo qiézi	4 土豆丝 sautéed shredded potato tǔdòusī
5 蛋炒饭 fried rice with egg dàn chǎo fàn	

◉ 从你学过的词语里选择合适的词与下面的词语搭配。Use the proper words you've learnt to match the words below.

吃 _____
chī

炒 _____
chǎo

红烧 _____
hóngshāo

_____ 和 _____
　　　　　　　　　hé

句子 | **Sentences**

1. 您吃点儿什么？ What would you like to eat?

   Nín chī diǎnr shénme?

2. 来一个红烧牛肉。 I want a braised beef in brown sauce.

   Lái yí ge hóngshāo niú ròu.

3. 再来一个炒白菜。 And a sautéed cabbage.

   Zài lái yí ge chǎo báicài.

4. 要什么主食？ What staple food would you like?

   Yào shénme zhǔshí?

5. 要一碗米饭。 (I) want a bowl of rice.

   Yào yì wǎn mǐfàn.

6. 还要别的吗？ Anything else?

   Hái yào bié de ma?

7. 不要了。 No more.

   Bú yào le.

● 看看下面的图片，想一想他们可能说了什么。 **Look at the pictures and think what they might say.**

①　　　　②

再来一个炒白菜

对话 1   Dialog 1

服务员： 您吃点儿¹什么？
Fúwùyuán: Nín chī diǎnr shénme?

杰克： 来一个红烧牛肉。
Jiékè: Lái yí ge hóngshāo niú ròu.

服务员： 还²要什么？
Fúwùyuán: Hái yào shénme?

杰克： 再²来一个炒白菜。
Jiékè: Zài lái yí ge chǎo báicài.

服务员： 要什么主食？
Fúwùyuán: Yào shénme zhǔshí?

杰克： 一碗米饭。
Jiékè: Yì wǎn mǐfàn.

Waiter/Waitress: What would you like to eat?
Jack: I want a braised beef in brown sauce.
Waiter/Waitress: Anything else?
Jack: And a sautéed cabbage.
Waiter/Waitress: What staple food would you like?
Jack: A bowl of rice.

1 点儿 is the abbreviation of 一点儿, used before a noun or after an adjective. 你吃点儿什么 in this lesson means 你吃一点儿什么东西?

2 Both 还 and 再 indicate a repetition of an action. Both of them can be used to ask for more when ordering food, e.g. 我还要……, 我再要一个…… However, waiters/waitresses only use 还 rather than 再 when they wait on customers, e.g. 你还要别的吗?

● 根据对话1选择合适的句子填空。**Fill in the blanks with proper sentences according to Dialog 1.**

您吃点儿什么？ Nín chī diǎnr shénme?	
	再来一个炒白菜。 Zài lái yí ge chǎo báicài.
要什么主食？ Yào shénme zhǔshí?	

对话 2 · Dialog 2

服务员： Fúwùyuán:	你们吃点儿什么？ Nǐmen chī diǎnr shénme?
英爱： Yīng'ài:	一个红烧茄子,一个土豆丝。 Yí ge hóngshāo qiézi, yí ge tǔdòusī.
朱丽： Zhūlì:	有什么主食？ Yǒu shénme zhǔshí?
服务员： Fúwùyuán:	米饭和面条。 Mǐfàn hé miàntiáo.
英爱： Yīng'ài:	有没有³蛋炒饭？ Yǒu mei yǒu dànchǎofàn?
服务员： Fúwùyuán:	有。 Yǒu.
朱丽： Zhūlì:	要两个⁴。 Yào liǎng ge.
服务员： Fúwùyuán:	还要别的吗？ Hái yào biế de ma?
英爱： Yīng'ài:	不要了，谢谢！ Bú yào le, xièxie!

3 没有 is the negative form of 有. In Chinese a kind of questions is made by juxtaposing the affirmative and negative forms of the main element of the predicate. E.g. 你去不去超市? 你有没有中国朋友? The affirmative or negative form, such as 去 or 不去, 有 or 没有 can be used to answer it.

4 Here other measure words such as 份, 碗, 盘 can also be used. 个 is the most commonly used measure word.

Waiter/Waitress:	What would you like to eat?
Yingai:	A braised eggplant in brown sauce and a sautéed shredded potato.
Julie:	What staple food do you have?
Waiter/Waitress:	Rice and noodle.
Yingai:	Do you have fried rice with egg?
Waiter/Waitress:	Yeah, we have.
Julie:	We want two bowls of fried rice with egg.
Waiter/Waitress:	Anything else?
Yingai:	No more, thanks.

Knowledge: The order of serving dishes in China

In China, cold dishes are usually served before hot dishes, staple food before soup, and dessert and fruit finally. Specifically speaking, the order is cold dishes, hot dishes, main dish, soup, dessert and fruit. The main dish often refers to a whole lamb, chicken, fish, or something like that, which isn't served in every meal. Chinese tea is usually offered before a meal. People enjoy sipping a cup of tea and having a chat while waiting for the meal. If they would like to drink some wine, Chinese usually open the wine bottle after the cold dishes are served.

再来一个炒白菜

○ 画线连接，组成对话。**Draw lines to complete the dialogs.**

1 你们吃点儿什么？
Nǐmen chī diǎnr shénme?

a 有。
Yǒu.

2 有没有蛋炒饭？
Yǒu mei yǒu dànchǎofàn?

b 一个红烧茄子，一个土豆丝。
Yí ge hóngshāo qiézi, yí ge tǔdòusī.

3 还要别的吗？
Hái yào bié de ma?

c 米饭和面条。
Mǐfàn hé miàntiáo.

4 有什么主食？
Yǒu shénme zhǔshí?

d 不要了。
Bú yào le.

活动 Activities

一、看图学词语 Look and Learn Words

从词库里选择词语写在合适的图片下边。*Choose the proper words from the word box and write them under the related pictures.*

Word box

红烧鱼hóngshāo yú braised fish in brown sauce 麻婆豆腐mápó dòufu mapo tofu

鸡蛋炒西红柿jīdàn chǎo xīhóngshì scrambled eggs with tomato

饺子jiǎozi dumplings   包子bāozi steamed stuffed buns 汤tāng soup

① ② ③

④ ⑤ ⑥

二、双人活动 Pair Work

假定今天中午你和同伴一起去饭馆吃饭，和同伴商量一下你们点什么菜，点什么主食，然后填入表格中。*Suppose that you have lunch with a partner at a restaurant today, discuss what dishes and staple foods you would like to order, and then fill the names in the table.*

	Julie and Yingai	You and your partner
菜 cài	一个红烧茄子 yí ge hóngshāo qiézi a braised eggplant in brown sauce	
	一个炒土豆丝 yí ge chǎo tǔdòusī a sautéed shredded potato	
主食 zhǔshí	两个蛋炒饭 liǎng ge dàn chǎo fàn two bowls of fried rice with egg	

Try to use words and phrases you've learnt, ask your teacher when encountering unknown names of dishes.

三、模拟情景 Simulation of the Scene

按照你和同伴刚才商量好的，去老师的模拟餐厅点菜。

According to Activity 2, practice ordering foods at your teacher's simulated restaurant.

Language patterns

1. 来一个 _____。
   Lái yí ge

2. 再来一个 _____。
   Zài lái yí ge

3. 有没有 _____？
   Yǒu mei yǒu

给老师的提示：
您可以扮演餐厅服务员，让每一组学生练习一次点菜。

四、你来试试 Your Turn

熟读下面这段话，然后试着说说你自己。*Read the following paragraph well and then try to say about yourself.*

今天中午我和朱丽一起 together 去饭馆儿 restaurant 吃饭，我们要了两个素菜 vegetarian food，一个是红烧茄子，一个是土豆丝，还要了两个蛋炒饭。

Jīntiān zhōngwǔ wǒ hé Zhūlì yìqǐ qù fànguǎnr chī fàn, wǒmen yào le liǎng ge sùcài, yí ge shì hóngshāo qiézi, yí ge shì tǔdòusī, hái yào le liǎng ge dànchǎofàn.

五、语音练习 Pronunciation Practice

1. 熟读下列词语。 *Read the following words well.*

和	再	炒	蛋	饭
hé	zài	chǎo	dàn	fàn

茄子	土豆	白菜	主食	别的
qiézi	tǔdòu	báicài	zhǔshí	bié de

2. 声母练习。 *Practice consonants.*

chi–zhi   chao–zhao   hong–long   niu–liu   tu–du

3. 韵母练习。 *Practice vowels.*

dou–duo   tiao–tao   rou–rao

4. 声调练习。 *Practice tones.*

wǎn–wàn   sī–sì   dàn–dān

六、替换练习 Substitution

用表格右侧的词语替换句中画线的部分，并说出完整的句子。 *Use the words on the right side to say several new and complete sentences.*

1. 有什么 主食 ？ Yǒu shénme zhǔshí?	菜 cài	汤 soup tāng	饮料 beverage yǐnliào
2. 有没有 蛋炒饭 ？ Yǒu mei yǒu dànchǎofàn?	炒白菜 chǎo báicài	红烧肉 hóngshāo ròu	勺子 spoon sháozi
3. 还要 别的 吗？ Hái yào bié de ma?	米饭 mǐfàn	水 shuǐ	茶 tea chá

七、有问有答 Ask and Answer

用肯定形式和否定形式回答下列问题。 *Answer the following questions with both affirmative and negative forms.*

> Example：A: 你是美国人吗？
>   Nǐ shì Měiguórén ma?
>
>   B: 是。/不是。
>   Shì. / Bú shì.

1. A: 还要别的吗?
   Hái yào bié de ma?

   B: _____

2. A: 要大的吗?
   Yào dà de ma?

   B: _____

3. A: 三块行不行?
   Sān kuài xíng bu xíng?

   B: _____

4. A: 你是学生吗?
   Nǐ shì xuésheng ma?

   B: _____

八、看图说话 Talk About the Pictures

试着用汉语给同伴说说图片上的事情。*Talk about the pictures with a partner in Chinese.*

Word box

饮料 yǐnliào beverage   凉菜 liángcài cold dish

热菜 rè cài hot dish

①

②

③

九、课堂游戏 Games

拼菜名。大家一起用下面的词语拼出中国菜名，看看你们能拼出多少个菜名。*Form names of dishes. Work together to form names of dishes with the following words and look how many names you can form.*

给老师的提示：
为了方便学生拼菜名，您可以事先准备几套词语卡片，给每个小组一套卡片，并将拼好的菜名也做成卡片，最后向学生公布菜名时使用。

- 鸡蛋　　牛肉　　鸡肉(chicken)　鱼　　豆腐(tofu)
  jī dàn　niú ròu　jī ròu　　　yú　　dòufu

- 茄子　　西红柿　白菜　　土豆　青椒(bell pepper)　黄瓜(cucumber)
  qiézi　xīhóngshì　báicài　　tǔdòu　qīngjiāo　　　　huángguā

- 炒　　　红烧　　清炖(stew)
  chǎo　hóngshāo　qīngdùn

再来一个炒白菜

常用语句　Useful Language

Word box

筷子（双）kuàizi (shuāng) a pair of chopstick
勺子（个）sháozi (gè)　a spoon
叉子（个）chāzi (gè)　a fork
杯子（个）bēizi (gè)　a cup

服务员，给我（一）点儿餐巾纸。
Fúwùyuán, gěi wǒ（yì）diǎnr cānjīnzhǐ.
Waitress, give me some napkins!

生活汉字　Chinese Characters in Our Lives

推
tuī
push

拉
lā
pull

有烤鸭吗?
Yǒu kǎoyā ma?
Do You Have Roast Duck?

目标 Objectives

1. 学会说简单的味道 *Learn the basic expressions of tastes*
2. 学会点酒水饮料 *Learn to order drinks*
3. 学会在点菜时提出特殊要求 *Learn to make special requests when ordering foods*

准备 Preparation

○ 这是什么味道? **What taste is it?**

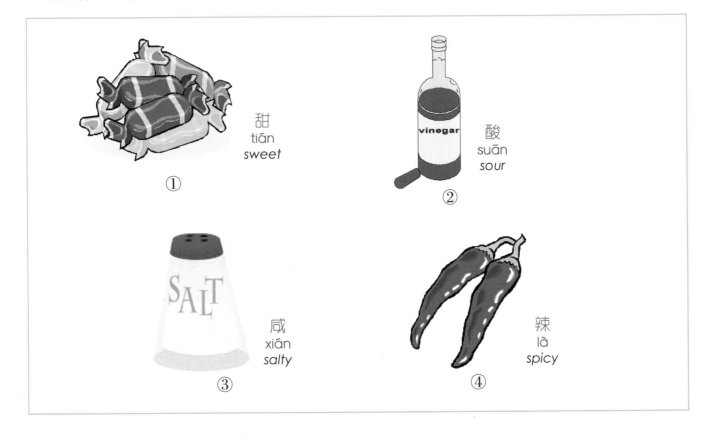

甜
tián
sweet
①

酸
suān
sour
②

咸
xián
salty
③

辣
là
spicy
④

生词 New Words

1 糖 sugar táng	2 醋 vinegar cù	3 鱼 fish yú	4 味儿 taste wèir
5 又……又…… both...and... yòu … yòu …		6 甜 sweet tián	7 酸 sour suān
8 豆腐 tofu dòufu	9 过 used after a verb to indicate the completion of an action guò		
10 辣 spicy là	11 那(就) then, in that case nà (jiù)		12 就 in that case, then jiù
13 好吃 delicious hǎo chī	14 只 a measure word zhī	15 请 please qǐng	16 放 put fàng
17 味精 monosodium glutamate wèijīng		18 少 little, less shǎo	19 盐 salt yán
20 好的 alright hǎo de	21 位 a measure word for people wèi		22 酒水单 a drink list jiǔshuǐ dān
23 喝 drink hē	24 杯 a measure word for cups bēi		25 茶 tea chá
26 矿泉水 mineral water kuàngquánshuǐ		27 先生 mister xiānsheng	28 凉 cool, iced liáng
29 等 wait děng	30 一下 a while yí xià		

Proper Names

1 糖醋鱼 fish braised in sweet and sour sauce tángcùyú	2 麻婆豆腐 mapo tofu (sautéed tofu in hot and spicy sauce) mápó dòufu
3 烤鸭 roast duck kǎoyā	

○ 从你学过的词语里选择合适的词与下面的词语搭配。Use the proper words you've learnt to match the words below.

放＿＿＿＿＿＿＿＿＿＿＿＿＿ 喝＿＿＿＿＿＿＿＿＿＿＿＿＿
fàng   hē

等＿＿＿＿＿＿＿＿＿＿＿＿＿
děng

句子 Sentences

1. 糖醋鱼是什么味儿？ What taste is the "tangcuyu"?

   Tángcūyú shì shénme wèir?

2. 又甜又酸。 It's sweet and sour.

   Yòu tián yòu suān.

3. 烤鸭很好吃。 The roast duck is very delicious.

   Kǎoyā hěn hǎo chī.

4. 请不要放味精。 Please don't put monosodium glutamate in the dishes.

   Qǐng bú yào fàng wèijīng.

5. 请少放一点儿盐。 Please put less salt in the dishes.

   Qǐng shǎo fàng yìdiǎnr yán.

6. 您喝点儿什么？ What would you like to drink?

   Nín hē diǎnr shénme?

7. 我来两瓶啤酒，要凉的。 I want two bottles of beer, and ice.

   Wǒ lái liǎng píng píjiǔ, yào liáng de.

8. 不要大的，要小的。 I don't want a large bottle but only a small one.

   Bú yào dà de, yào xiǎo de.

○ 看看下面的图片，想一想他们可能说了什么。 **Look at the pictures and think what they might say.**

①   ②   ③

对话 1　Dialog 1

朱丽：　糖醋鱼是什么味儿?
Zhūlì:　Tángcùyú shì shénme wèir?

服务员：又[1]甜又酸。
Fúwùyuán:　Yòu tián yòu suān.

朱丽：　太好了。麻婆豆腐呢?
Zhūlì:　Tài hǎo le. Mápó dòufu ne?

杰克：　我吃过[2]，太辣了。
Jiékè:　Wǒ chī guo, tài là le.

朱丽：　那[3]不要麻婆豆腐了。
Zhūlì:　Nà bú yào mápó dòufu le.

服务员：烤鸭很好吃。
Fúwùyuán:　Kǎoyā hěn hǎo chī.

杰克：　那就再来一只烤鸭。
Jiékè:　Nà jiù zài lái yì zhī kǎoyā.

杰克：　请不要放味精。
Jiékè:　Qǐng bú yào fàng wèijīng.

朱丽：　请少放一点儿盐。
Zhūlì:　Qǐng shǎo fàng yìdiǎnr yán.

服务员：好的。
Fúwùyuán:　Hǎo de.

Julie: What taste is the "tangcuyu"?
Waiter/Waitress: It's sweet and sour.
Julie: Great. And how is the "mapo toufu"?
Jack: I've tasted it. It's too spicy.
Julie: Then we don't want it.
Waiter/Waitress: The roast duck is very delicious.
Jack: And then give us a roast duck.
Jack: Please don't put monosodium glutamate in the dishes.
Julie: Please put less salt.
Waiter/Waitress: Alright.

[1] 又……又……is inserted before verbs, adjectives or phrases to indicate the simultaneous existence of several actions, characteristics or conditions. E.g. 又唱又跳 (sing and dance), 又干净又漂亮 (clean and pretty).

[2] 过 is used after a verb to indicate a past action or state. E.g. 我去过北京 (I have gone to Beijing), 他看过这个电影 (I have seen the movie).

[3] According to the context of the dialog, here 那 infers that a new decision is made.

⦿ 根据对话1回答问题。**Answer the questions according to Dialog 1.**

1. 糖醋鱼是什么味儿?
　 Tángcùyú shì shénme wèir?

2. 他们要麻婆豆腐吗?
　 Tāmen yào mápó dòufu ma?

3. 他们要了什么菜?
　 Tāmen yào le shénme cài?

4. 他们有什么要求(request)?
　 Tāmen yǒu shénme yāoqiú?

对话2 Dialog 2

服务员： Fúwùyuán:	几位？ Jǐ wèi?	
杰克： Jiékè:	三位。 Sān wèi.	
服务员： Fúwùyuán:	这是酒水单，您喝点儿什么？ Zhè shì jiǔshuǐ dān, nín hē diǎnr shénme?	
朱丽： Zhūlì:	我要一杯茶。英爱你呢？ Wǒ yào yì bēi chá. Yīng'ài nǐ ne?	
英爱： Yīng'ài:	我来一瓶矿泉水。 Wǒ lái yì píng kuàngquánshuǐ.	
服务员： Fúwùyuán:	要大的吗？ Yào dà de ma?	
朱丽： Zhūlì:	不要大的，要小的。 Bú yào dà de, yào xiǎo de.	
服务员： Fúwùyuán:	先生，您要什么？ Xiānsheng, nín yào shénme?	
杰克： Jiékè:	我来两瓶啤酒，要凉的。 Wǒ lái liǎng píng píjiǔ, yào liáng de.	
服务员： Fúwùyuán:	好的，请等一下⁴。 Hǎo de, qǐng děng yíxià.	

Waiter/Waitress:	How many people?
Jack:	Three of us.
Waiter/Waitress:	This is the drink list. What would you like to drink?
Julie:	I want a cup of tea. How about you, Yingai?
Yingai:	I like a bottle of mineral water.
Waiter/Waitress:	Do you like a large bottle?
Julie:	Not large bottle, only a small one is OK.
Waiter/Waitress:	What would you like to order, sir?
Jack:	I want two bottles of beer, and ice.
Waiter/Waitress:	Alright, wait a minute please.

4 一下, used after a verb, means *once*. It indicates that an action lasts very short. E.g.看一下. 用一下.

Knowledge: Tea is a favorite drink for most Chinese

Tea is well-known as a traditional drink in China. As regards the different methods of making tea, Chinese tea can be classified into black tea, green tea, oolong tea, and so on. Chinese people have a custom of treating guests with tea, as well as taking tea as a gift for their relatives and friends. There goes a saying "Better is a cup of tea than a meal everyday."

In large cities of China, tea houses have become social and leisure places with Chinese cultural charms. People can experience Chinese history and elegance while drinking tea. Recently, bottled cold tea is becoming fashionable among young people with the pace of life gradually accelerated.

有烤鸭吗? ————————————————

○ 根据对话2选择合适的句子填空。**Fill in the blanks with proper sentences according to Dialog 2.**

	我要一杯茶。 Wǒ yào yì bēi chá.
要大的吗? Yào dà de ma?	
先生，您要什么? Xiānsheng, nín yào shénme?	

活 动 Activities

一、看图学词语 Look and Learn Words

从词库里选择词语写在合适的图片下边。*Choose the proper words from the word box and write them under the related pictures.*

Word box

水果 shuǐguǒ fruit　　菜 cài vegetable　　肉 ròu meat

鸡肉 jī ròu chicken　　猪肉 zhū ròu pork　　羊肉 yáng ròu mutton

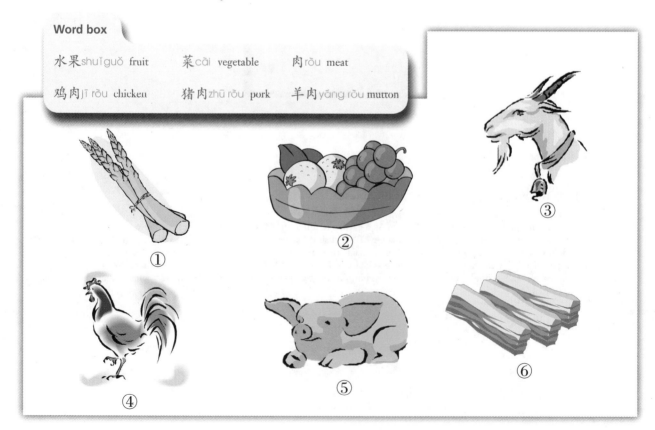

二、小组活动 Group Work

1. 先用下面的表格准备一下，然后三人一组，说说你们今天中午想吃什么。*Use the following table to prepare yourself, and then work in a group of 3 to discuss what to eat for lunch.*

	You	Partner 1	Partner 2	Your teacher
想吃的东西				
想喝的东西				

Sentence patterns

1. 我想吃…… I'd like to eat ...
   Wǒ xiǎng chī …

2. 我想喝…… I'd like to drink ...
   Wǒ xiǎng hē …

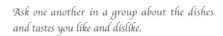

Ask one another in a group about the dishes and tastes you like and dislike.

2. 如果你明天要请你的两个同伴来你家吃饭，你想请朋友吃什么菜？请把你的菜单列出来。*Suppose that you plan to invite two of your partners to have a meal at your home tomorrow, consider what dishes you will prepare to treat your guests, and make a menu.*

我的菜单 Wǒ de càidān My menu

凉菜 liángcài cold dishes	热菜 rè cài hot dishes	其他（饮料、汤等） qítā (yǐnliào、tāng děng) others (drinks, soups and etc.)

给老师的提示：
别忘了请几个学生给大家介绍一下他们的请客菜单。

三、模拟情景 Simulation of the Scene

三人一组，按分配的角色（一个服务员、两位顾客）进行模拟点菜的表演。*Work in a group of 3. Perform the scene of ordering food in a restaurant, with one student acting as a waiter/waitress, and two as customers.*

给老师的提示：
请您事先做几个小菜单，列出这两课学过的菜、主食和饮料等。您还可以给点菜的学生规定一两个特殊任务，让他们向服务员提要求。

Read the menu that the teacher gives you. You may practice ordering dishes, staple foods, drinks and soups according to it. Don't forget to make a special request to him/her.

四、你来试试 Your Turn

熟读下面这段话，然后试着说说你自己。*Read the following paragraph well and then try to say about yourself.*

> 糖醋鱼是我 爱 like 吃的菜，是酸甜味儿的。麻婆豆腐太辣了，我不爱吃。今天中午我想吃糖醋鱼和北京烤鸭。我还要 告诉 tell 服务员不要放味精。
>
> Tángcùyú shì wǒ ài chī de cài, shì suān tián wèir de. Mápó dòufu tài là le, wǒ bú ài chī. Jīntiān zhōngwǔ wǒ xiǎng chī tángcùyú hé Běijīng kǎoyā. Wǒ hái yào gàosu fúwùyuán bú yào fàng wèijīng.

五、语音练习 Pronunciation Practice

1. 请熟读下列词语。*Read the following words well.*

糖	醋	甜	酸	辣	放
táng	cù	tián	suān	là	fàng

好吃	好的	雪碧	咖啡
hǎo chī	hǎo de	xuěbì	kāfēi

2. 声母练习。*Practice consonants.*

tang–dang   cu–chu   suan–shuan   he–ke

3. 韵母练习。*Practice vowels.*

qing–qin   jiu–ju   tian–tan

4. 声调练习。*Practice tones.*

yú–yǔ   lā–lǎi   zhī–zhǐ   bǐ–bì

六、替换练习 Substitution

用表格右侧的词语替换句中画线的部分，并说出完整的句子。*Use the words on the right side to say several new and complete sentences.*

1. 糖醋鱼 是什么味儿？ Tángcùyú shì shénme wèir?	烤鸭 kǎoyā	麻婆豆腐 mápó dòufu	饺子 dumplings jiǎozi
2. 请不要放 味精。 Qǐng bú yào fàng wèijīng.	糖 táng	辣椒 chili pepper làjiāo	香菜 coriander xiāngcài
3. 请少放一点儿 盐。 Qǐng shǎo fàng yìdiǎnr yán.	味精 wèijīng	醋 cù	水 water shuǐ

4. 我 吃 过。	去	喝 drink	看
Wǒ chī guo.	qù	hē	kàn

七、完成句子 Complete the Sentences

请从词库里选择合适的词语,用"又……又……"完成句子。*Use proper words in the word box to complete the sentences with the pattern of* 又……又…… .

Word box

大 dà	小 xiǎo	多 duō	酸 suān	好吃 hǎo chī
咸 xián salty	高 gāo tall	瘦 shuò thin, tight	长 cháng long	新鲜 xīnxiān fresh

1. 这个菜＿＿＿＿＿＿＿＿＿＿＿。
   zhège cài

2. 这个人＿＿＿＿＿＿＿＿＿＿＿。
   Zhège rén

3. 这件衣服＿＿＿＿＿＿＿＿＿＿。
   Zhè jiàn yīfu

4. 葡萄 (grape)＿＿＿＿＿＿＿＿＿。
   Pútáo

八、看图说话 Talk About the Pictures

试着用汉语给同伴说说图片上的事情。*Talk about the pictures with a partner in Chinese.*

Word box

盐 yán salt	咸 xián salty	淡 dàn light

①

太咸了!
Tài xián le!

②

71

③　　　　　④

九、课堂游戏 Games

1. 将"酸""甜""辣""咸"分别写在卡片上，分给四个学生，让他们表演吃到这种味道时的表情，然后大家一起猜猜是什么味道。*Write 酸, 甜, 辣, 咸 on cards respectively, and hand them to four different students. The person holding the word card acts out the meaning of the word and let the others guess.*

2. 教师事先将词库里的词语写在卡片上，每个学生拿一个。学生将拿到的词语和表示味道的几个词语搭配，并大声朗读出搭配好的词组。让大家说说哪种味道的最好吃。*The teacher writes words from the word box on cards respectively. Each student draws one, matches it with words expressing flavors and speaks them out. Discuss which kind of food has the best taste.*

Word box

肉 ròu　鱼 yú　菜 cài　茄子 qiānzi　土豆 tǔdòu　西红柿 xīhóngshì

苹果 píngguǒ　橘子 júzi　香蕉 xiāngjiāo　西瓜 xīguā　葡萄 pútao

常用语句 Useful Language

真好吃。
Zhēn hǎo chī.
It tastes delicious.

真难吃。
Zhēn nán chī.
It tastes awful.

生活汉字 Chinese Characters in Our Lives

醋
cù
vinegar

酱油
jiàngyóu
brown sauce

请问，银行在哪儿？

Qǐngwèn, yínháng zài nǎr?

Excuse Me, Where Is a Bank?

目标 **Objectives**

1 学会简单的方位处所词 *Learn the basic location words*
2 学会问路 *Learn to ask for directions*

准备 **Preparation**

○ 她在哪儿？ **Where is she?**

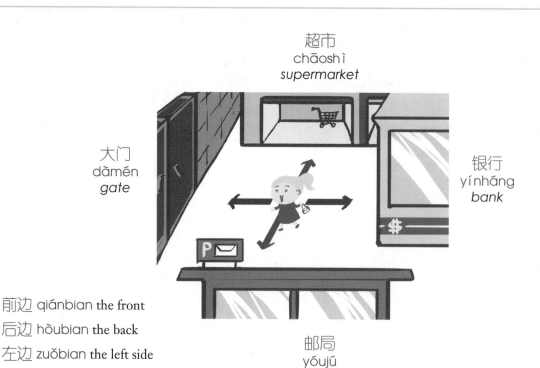

超市
chāoshì
supermarket

大门
dàmén
gate

银行
yínháng
bank

前边 qiánbian the front
后边 hòubian the back
左边 zuǒbian the left side
右边 yòubian the right side

邮局
yóujú
post office

生词 New Words

1 请问 excuse me, may I ask qǐngwèn	2 银行 bank yínháng	3 行人 passerby xíngrén
4 邮局 post office yóujú	5 旁边 next to, beside pángbiān	6 左 the left zuǒ
7 左边 the left side zuǒbian	8 还是 or háishi	9 右 the right yòu 10 右边 the right side yòubian
11 附近 nearby fùjìn	12 有 have, there be yǒu	13 超市 supermarket chāoshì 14 都 all dōu
15 去 go qù	16 走 walk zǒu	17 出 proceed from inside to outside chū
18 大门 gate dàmén	19 往 toward wǎng	20 前 front qián 21 然后 then ránhòu
22 先 first xiān	23 米 meter mǐ	24 拐 turn guǎi 25 远 far yuǎn

Proper Name

1 李静 Li Jing, a personal name
Lǐ Jìng

○ 从你学过的词语里选择合适的词与下面的词语搭配。**Use the proper words you've learnt to match the words below.**

出_____   往_____
chū   wǎng

_____边
                                       bian

句子 Sentences

1. 请问，银行在哪儿？ Excuse me, where is a bank?

   Qǐngwèn, yínháng zài nǎr?

2. 银行在邮局旁边。 The bank is next to a post office.

   Yínháng zài yóujú pángbiān.

3. 在邮局的左边还是右边？ Is it on the left or the right side of the post office?

   Zài yóujú de zuǒbian háishi yòubian?

4. 超市里有什么？ What are there in the supermarket?

   Chāoshì lǐ yǒu shénme?

5. 超市里什么都有。 The supermarket has everything.

   Chāoshì lǐ shénme dōu yǒu.

6. 去超市怎么走？ How can I get to the supermarket?

   Qù chāoshì zěnme zǒu?

7. 出大门往前走。 Go out of the gate and walk straight.

   Chū dàmén wǎng qián zǒu.

8. 先往前走50米，再往右拐。 Walk on 50 meters and then turn right.

   Xiān wǎng qián zǒu wǔshí mǐ, zài wǎng yòu guǎi.

○ 看看下面的图片，想一想他们可能说了什么。**Look at the pictures and think what they might say.**

① ②

76

对话 1　Dialog 1

杰克：　请问，银行在哪儿？
Jiékè:　Qǐngwèn, yínháng zài nǎr?

行人：　在邮局旁边。
Xíngrén:　Zài yóujú pángbiān.

杰克：　在邮局的左边还是[1]右边？
Jiékè:　Zài yóujú de zuǒbian háishi yòubian?

行人：　在右边。
Xíngrén:　Zài yòubian.

杰克：　谢谢！
Jiékè:　Xièxie!

Jack:　Excuse me, where is a bank?
Passerby:　The bank is next to a post office.
Jack:　Is it on the left or the right side of the post office?
Passerby:　On the right.
Jack:　Thanks.

1 还是 is used between two things to indicate a choice. The questions with 还是 require the repliers to choose an answer from two alternatives. E.g. 你吃苹果还是葡萄？(Do you want to eat apples or grapes?) 你去超市还是银行？(Are you going to a supermarket or a bank?)

◉ 根据对话1选择合适的句子填空。**Fill in the blanks with proper sentences according to Dialog 1.**

银行在哪儿？ Yínháng zài nǎr?	
	在右边。 Zài yòubian.

对话2 | Dialog 2

朱丽： 李静，附近有超市吗？
Zhūlì: Lǐ Jìng, fùjìn yǒu chāoshì ma?

李静： 有一个。
Lǐ Jìng: Yǒu yí ge.

朱丽： 超市里有[2]什么？
Zhūlì: Chāoshì lǐ yǒu shénme?

李静： 什么都[3]有。
Lǐ Jìng: Shénme dōu yǒu.

朱丽： 去超市怎么走？
Zhūlì: Qù chāoshì zěnme zǒu?

李静： 出大门往[4]前走。
Lǐ Jìng: Chū dàmén wǎng qián zǒu.

朱丽： 然后呢？
Zhūlì: Ránhòu ne?

李静： 先往前走50米，再往右拐。
Lǐ Jìng: Xiān wǎng qián zǒu wǔshí mǐ, zài wǎng yòu guǎi.

朱丽： 远吗？
Zhūlì: Yuǎn ma?

李静： 不太远。
Lǐ Jìng: Bù tài yuǎn.

Julie:	Li Jing, is there a supermarket nearby?
Li Jing:	Yeah, there is.
Julie:	What are there in the supermarket?
Li Jing:	The supermarket has everything.
Julie:	How can I get there?
Li Jing:	Go out of the gate and walk straight.
Julie:	And then?
Li Jing:	Walk on 50 meters and then turn right.
Julie:	Is it far?
Li Jing:	Not too far.

2 The pattern of "location word +有+ sth." indicates that there exists somebody or something in somewhere. The "existing part" should be put after 有.

3 什么都…… is a language pattern used for an emphasis. It indicates that there is no exception within the limits mentioned. E.g. 他什么都知道。 means 他知道的非常多。 (He knows everything.) 我什么都能听懂。 means 我的汉语很好，可以听懂很多。 (My Chinese is good enough to understand everything.)

4 往 is put before a location word to indicate a direction. E.g. 往左走，往上看。

Knowledge

In Chinese the words like 卫生间, 洗手间, 盥洗室, 厕所 all means "restroom". Among them, 盥洗室 is rather formal and seldom used. 卫生间 and 洗手间 sound relatively natural and are often used. But 厕所 is usually used in oral Chinese and less graceful than the other three words.

○ 画线连接，组成对话。**Draw lines to complete the dialogs.**

1 超市里有什么？
Chāoshì lǐ yǒu shénme?

a 不太远。
Bú tài yuǎn.

2 附近有超市吗？
Fùjìn yǒu chāoshì ma?

b 什么都有。
Shénme dōu yǒu.

3 去超市怎么走？
Qù chāoshì zěnme zǒu?

c 有一个。
Yǒu yí ge.

4 远吗？
Yuǎn ma?

d 出大门往前走。
Chū dàmén wǎng qián zǒu.

活 动 Activities

一、看图学词语 Look and Learn Words

从词库里选择词语写在图片合适的地方。*Choose the proper words from the word box and write them on pictures.*

Word box

后边 hòubian behind　　上边 shàngbian above, over　　下边 xiàbian below, under

旁边 pángbiān next to, beside　　中间 zhōngjiān between, among　　对面 duìmiàn opposite

请问，银行在哪儿？

二、看图回答问题 Look at the Pictures and Answer the Questions

先仔细看看图片，然后回答问题。*Look at the pictures carefully and then answer the questions.*

Word box

银行 yínháng	超市 chāoshì	邮局 yóujú
饭馆儿 fànguǎnr restaurant	咖啡馆儿 kāfēi guǎnr coffee shop	网吧 wǎngbā
书店 shū diàn book store	洗手间 xǐshǒujiān restroom	

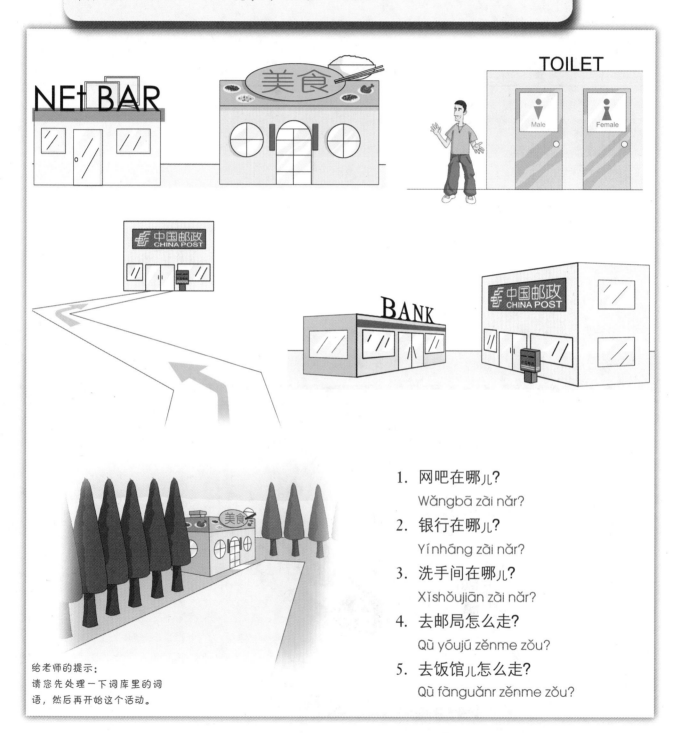

1. 网吧在哪儿?
   Wǎngbā zài nǎr?

2. 银行在哪儿?
   Yínháng zài nǎr?

3. 洗手间在哪儿?
   Xǐshǒujiān zài nǎr?

4. 去邮局怎么走?
   Qù yóujú zěnme zǒu?

5. 去饭馆儿怎么走?
   Qù fànguǎnr zěnme zǒu?

给老师的提示：
请您先处理一下词库里的词
语，然后再开始这个活动。

三、小组活动 Group Work

朱丽要去超市，杰克要去银行，英爱要去书店。和同伴一起仔细看看下面的地图，说说他们每个人应该怎么走。然后和别的组交流一下，看看他们说的和你们一样不一样。

Suppose that Julie wants to go to the supermarket, Jack the bank, and Yingai the book store. Work in pairs to look at the map below and discuss how each person gets to their destination. Exchange ideas with other groups and compare the answers.

> **Sentence pattern**
>
> 先……，然后……（，再……）。
> Xiān ..., ránhòu ... (,zài ......).

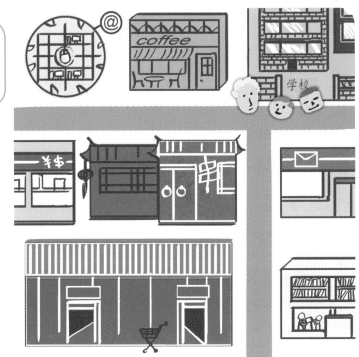

给老师的提示：
两人或者三人一组都可以。
最后您可以把每一种路线的
正确说法再重复一下，以加
深学生的记忆。

四、你来试试 Your Turn

熟读下面这段话，然后参照这段话说说英爱去书店应该怎么走。*Read the following paragraph well, and then refer to the example to say how Yingai gets to the book store.*

朱丽想去超市 买东西 go shopping ，她不 知道 know 超市在哪儿。李静 告诉 tell 她，附近有一个超市，出大门先往前走50米，然后再往右拐。

Zhūlì xiǎng qù chāoshì mǎi dōngxi, tā bù zhīdào chāoshì zài nǎr. Lǐ Jìng gàosu tā, fùjìn yǒu yí ge chāoshì, chū dàmén xiān wǎng qián zǒu wǔshí mǐ, ránhòu zài wǎng yòu guǎi.

Refer to the picture in Activity 3.

五、语音练习 Pronunciation Practice

1. 熟读下列词语。 *Read the following words well.*

往	前	左	右	出
wǎng	qián	zuǒ	yòu	chū

请问	还是	附近	然后	超市
qǐngwèn	háishi	fùjìn	ránhòu	chāoshì

2. 声母练习。 *Practice consonants.*

shou–sou　zhi–zi　kuai–guai

3. 韵母练习。 *Practice vowels.*

wang–wan　yuan–yang　hang–han

4. 声调练习。 *Practice tones.*

wèn–wěn　zǒu–zōu　xiān–xiān

六、替换练习 Substitution

用表格右侧的词语替换句中画线的部分，并说出完整的句子。 *Use the words on the right side to say several new and complete sentences.*

1. 在邮局的 旁边 。 Zài yóujú de pángbiān.	后边 hòubian	左边 zuǒbian	上边 above shàngbian	
2. 不太 远 。 Bú tài yuǎn.	大 dà	好 hǎo	多 duō	贵 expensive guì
3. 超市 里有什么？ Chāoshì lǐ yǒu shénme?	教室 jiàoshì	房间 room fángjiān	书包 schoolbag shūbāo	
4. 银行 在哪儿？ Yínháng zài nǎr?	商店 store, shopping mall shāngdiàn		电梯 elevator diàntī	
5. 去 超市 怎么走？ Qù chāoshì zěnme zǒu?	花店 flower store huā diàn		洗手间 restroom xǐshǒujiān	

七、模仿造句 Follow the Example to Make Sentences

请用加点的格式和同伴做问答练习。*Use the language patterns with the dotted line to ask and answer the questions.*

1. 请问，银行在哪儿?
   Qǐngwèn, yínháng zài nǎr?

2. 银行在邮局的左边还是右边?
   Yínháng zài yóujú de zuǒbian háishi yòubian?

3. 先往前走，然后往右拐。
   Xiān wǎng qián zǒu, ránhòu wǎng yòu guǎi.

4. 附近有超市吗?
   Fùjìn yǒu chāoshì ma?

给老师的提示：
如果您设定情景，让学生用加点的格式做问答练习，效果会更好。

八、看图说话 Talk About the Pictures

试着用汉语给同伴说说图片上的事情。*Talk about the pictures with a partner in Chinese.*

Word box

问 wèn ask   告诉 gàosu tell   对面 duìmiàn opposite   书店 shū diàn book store

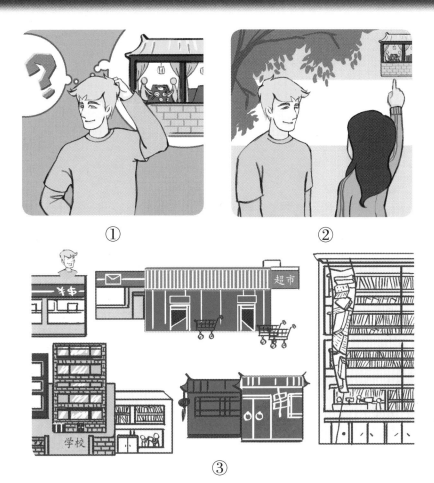

① ② ③

83

九、课堂游戏 Games

朗读下面的韵语。*Read the rhymes aloud.*

红灯停，绿灯行，
Hóng dēng tíng, lǜ dēng xíng,

是停是行看分明，
Shì tíng shì xíng kàn fēnmíng,

十字路口慢慢行。
Shízì lùkǒu mànmàn xíng.

> *The red light is for stop and the green light for go,*
> *Look around carefully to stop or go,*
> *Cross over the interaction slowly.*

常用语句 | Useful Language

慢点儿!
Màn diǎnr!
Slow down!

快点儿!
Kuài diǎnr!
Hurry up!

生活汉字 | Chinese Characters in Our Lives

厕所
cèsuǒ
toilet

洗手间
xǐshǒujiān
restroom

我去机场
Wǒ qù jīchǎng

I'm Going to the Airport

目标 Objectives

1. 学会乘坐出租车时的常用语 *Learn the common expressions of taking a taxi*
2. 学会询问和说明乘车路线 *Learn to ask about and describe routes*

准备 Preparation

○ 这是什么交通工具？ **What means of transportation is it?**

地铁
dìtiě
subway
①

机场巴士
jīchǎng bāshì
airport shuttle bus
②

公共汽车
gōnggòng qìchē
bus
③

出租车
chūzū chē
taxi
④

飞机
fēijī
airplane
⑤

火车
huǒchē
train
⑥

生词　New Words

1	司机 driver sījī	2	去 go qù	3	大使馆 embassy dàshǐ guǎn	4	到 get to dào
5	看 look kàn	6	前边 front qiánbian	7	停 stop tíng	8	给 give gěi
9	机场 airport jīchǎng	10	地铁 subway dìtiě	11	售票员 conductor shòupiàoyuán	12	换 change huàn
13	下(一站) next (station) xià (yí zhàn)		14	站 station zhàn		15	坐 sit, take zuò
16	公共汽车 bus gōnggòng qìchē		17	不过 but búguò		18	巴士 bus bāshì
19	更 more, even more gèng	20	方便 convenient fāngbiàn	21	多 many, much duō	22	地方 place dìfang

◉ 从你学过的词语里选择合适的词与下面的词语搭配。**Use the proper words you've learnt to match the words below.**

换 _____　　_____ 方便
huàn　　　　　　　　　　　　　　　　　　　　　　　　　　　　　　　　　　fāngbiàn

坐 _____　　看 _____
zuò　　　　　　　　　　　　　　　　　　　kàn

句子　Sentences

1. 我去大使馆。I am going to the embassy.
   Wǒ qù dàshǐ guǎn.

2. 大使馆到了吗？Have we arrived at the embassy?
   Dàshǐ guǎn dào le ma?

3. 请在前边停一下。Please pull up in front.
   Qǐng zài qiánbian tíng yíxià.

4. 去机场有地铁吗？ Is there a subway to the airport?

   Qù jīchǎng yǒu dìtiě ma?

5. 在哪儿换地铁？ Where shall I change to the subway?

   Zài nǎr huàn dìtiě?

6. 在下一站（换地铁）。 (Change to the subway) at the next station.

   Zài xià yí zhàn (huàn dìtiě).

7. 坐机场巴士更方便。 It's more convenient to take an airport shuttle bus.

   Zuò jīchǎng bāshì gèng fāngbiàn.

8. 在哪儿坐（机场巴士）？ Where can I take (an airport shuttle bus)?

   Zài nǎr zuò (jīchǎng bāshì)?

9. 很多地方都可以。 (You can take an airport shuttle bus)in many places.

   Hěn duō dìfang dōu kěyǐ.

○ 看看下面的图片，想一想他们可能说了什么。**Look at the pictures and think what they might say.**

我去机场

对话 1　Dialog 1

司机：您去哪儿？
Sījī：　Nín qù nǎr?

杰克：我去大使馆。
Jiékè：　Wǒ qù dàshǐ guǎn.

（20分钟以后）

杰克：大使馆到了吗？
Jiékè：　Dàshǐ guǎn dào le ma?

司机：你看，前边就是[1]。
Sījī：　Nǐ kàn, qiánbian jiù shì.

杰克：请在前边停一下。
Jiékè：　Qǐng zài qiánbian tíng yíxià.

司机：38块。
Sījī：　Sānshí bā kuài.

杰克：给您钱。
Jiékè：　Gěi nín qián.

Driver:　Where are you going?
Jack:　I am going to the embassy.
(20 minutes later.)
Jack:　Have we arrived at the embassy?
Driver:　Look, it is in front.
Jack:　Please pull up in front.
Driver:　38 kuai.
Jack:　That is your money.

1　大使馆 is omitted behind 前边就是. The phrases indicating locations or persons are often omitted behind 就是 when the context is obvious. E.g. 谁是王老师？——我就是（王老师）。

◎ 根据对话1选择合适的句子填空。**Fill in the blanks with proper sentences according to Dialog 1.**

您去哪儿？ Nín qù nǎr?	
	你看，前边就是。 Nǐ kàn, qiánbian jiù shì.

对话 2 Dialog 2

（在公共汽车上）

英爱： 去机场有地铁吗？
Yīng'ài: Qù jīchǎng yǒu dìtiě ma?

售票员： 有。
shòupiàoyuán: Yǒu.

英爱： 在哪儿换地铁？
Yīng'ài: Zài nǎr huàn dìtiě?

售票员： 在下一站。
shòupiàoyuán: Zài xià yí zhàn.

英爱： 坐公共汽车可以吗？
Yīng'ài: Zuò gōnggòng qìchē kěyǐ ma?

售票员： 可以。不过，坐机场巴士更
shòupiàoyuán: Kěyǐ. Búguò, zuò jīchǎng bāshì gèng

方便。
fāngbiàn.

英爱： 在哪儿坐？
Yīng'ài: Zài nǎr zuò?

售票员： 很多地方都可以。
shòupiàoyuán: Hěn duō dìfang dōu kěyǐ.

(In a bus.)

Yingai: Is there a subway to the airport?
conductor: Yeah, it is.
Yingai: Where shall I change to the subway?
conductor: At the next station.
Yingai: Can I get there by bus?
conductor: You can, but it's more convenient to take an airport shuttle bus.
Yingai: Where can I take it?
conductor: In many places.

Knowledge: A useful form of address——师傅 (shīfu)

师傅 is a useful form of address, which has various meanings in Chinese. Before, people addressed their educators as 师傅. Nowadays, athletes call their coaches, workers call the respectful seniors in the factories, as 师傅. It also works for skilled drivers and chefs. In all, the range of use extends gradually from the original "educators" to many skilled persons in many occupations of the society. Nevertheless, people don't call their educators as 师傅 any more.

我去机场

◉ 根据对话2回答问题。**Answer the questions according to Dialog 2.**

去机场有地铁吗？ Qù jīchǎng yǒu dìtiě ma?	
英爱在哪儿换地铁？ Yīng'ài zài nǎr huàn dìtiě?	
坐公共汽车可以吗？ Zuò gōnggòng qìchē kěyǐ ma?	
在哪儿坐机场巴士？ Zài nǎr zuò jīchǎng bāshì?	

活动 Activities

一、看图学词语 Look and Learn Words

从词库里选择词语写在合适的图片下边。*Choose the proper words from the word box and write them under the related pictures.*

Word box

打车 dǎ chē take a taxi   开车 kāi chē drive a car   走路 zǒu lù walk

骑自行车 qí zìxíngchē ride a bike   坐车 zuò chē take a bus

①   ②   ③   ④   ⑤

二、全班活动 Class Work

每人从老师事先准备好的卡片中抽一张，由一个学生开始向旁边的同学发问，旁边的同学回答后再向另一个同学发问。*Each student draws a card prepared by the teacher in advance. Start with a student by asking a question to the next student. He/she should answer it and then ask a question to the next.*

Sentence patterns

A：你去哪儿?
Nǐ qù nǎr?

B：我去超市。
Wǒ qù chāoshì.

A：怎么去?
Zěnme qù?

B：坐公共汽车去。
Zuò gōnggòng qìchē qù.

You should choose the means of transportation you often take in your real life when answering the questions.

给老师的提示：
您可以将当地有名的景点和学生知道的地方写在卡片上，让学生抽签。每个学生应该有一张写着不同地点的卡片。

三、模拟情景 Simulation of the Scene

1. 两人一组（一个是出租车司机，一个是乘客），进行乘车练习。*Work in pairs. Perform the scene of taking a taxi, with one student acting as a taxi driver, and the other as a passenger.*

2. 3–4人一组（一个同学是公共汽车售票员,其他的同学是乘客），进行乘车练习。*Work in a group of 3 or 4. Perform the scene of taking a bus, with one student acting as a bus conductor, and the others as passengers.*

给老师的提示：
您可以事先准备几组卡片，为学生分配好角色，确定好要去的地方和想问的乘车线路，也可以让学生自己发挥，别忘了为"售票员"准备好与乘车人的问题相对应的线路图。

四、你来试试 Your Turn

熟读下面这段话，然后试着说说你自己。*Read the following paragraph well and then try to say about yourself.*

我今天去机场了。我先坐公共汽车，然后换地铁。在 公共汽车上 on the bus 售票员告诉我机场巴士更方便，在很多地方都可以坐。 下一次 next time 我要坐机场巴士。

Wǒ jīntiān qù jīchǎng le. Wǒ xiān zuò gōnggòng qìchē, ránhòu huàn dìtiě. Zài gōnggòng qìchē shàng shòupiàoyuán gàosu wǒ jīchǎng bāshì gèng fāngbiàn, zài hěn duō dìfang dōu kěyǐ zuò. Xià yí cì wǒ yào zuò jīchǎng bāshì.

五、语音练习 Pronunciation Practice

1. 熟读下列词语。 *Read the following words well.*

到	下	换	多	都
dào	xià	huàn	duō	dōu

机场	地铁	巴士	公共汽车
jīchǎng	dìtiě	bāshì	gōnggòng qìchē

2. 声母练习。 *Practice consonants*

dao–tao　huan–luan　zhuo–zuo　kan–gan

3. 韵母练习。 *Practice vowels*

zhan–zhang　lu–luo　guan–guang

4. 声调练习。 *Practice tones*

zhàn–zhān　bā–bà　dōu–dòu

六、替换练习 Substitution

用表格右侧的词语替换句中画线的部分，并说出完整的句子。*Use the words on the right side to say several new and complete sentences.*

1. 大使馆 到了吗? Dàshǐ guǎn dào le ma?	邮局 yóujú	留学生楼 liúxuéshēng lóu	北京大学 Peking University Běijīng Dàxué
2. 请在 大使馆 停一下。 Qǐng zài dàshǐ guǎn tíng yíxià.	前边 qiánbian	银行 yínháng	教学楼前 in the front of a jiàoxué lóu qián teaching building
3. 在 下一站 换车。 Zài xià yí zhàn huàn chē.	前边 qiánbian	上海饭店 Shanghai Hotel Shànghǎi Fàndiàn	这一站 this station zhè yí zhàn
4. 去 机场 有地铁吗? Qù jīchǎng yǒu dìtiě ma?	大使馆 dàshǐ guǎn	火车站 railway station huǒchē zhàn	

七、连句 Make Sentences

将所给的词语按照正确的语序连成句子。*Make sentences of correct word order with the given words.*

1. 有　去　机场　机场巴士 <br> yǒu　qù　jīchǎng　jīchǎng bāshì

2. 在　换　地铁　哪儿 <br> zài　huàn　dìtiě　nǎr

3. 坐　吗　可以　公共汽车 <br> zuò　ma　kěyǐ　gōnggòng qìchē

八、看图说话 Talk About the Pictures

试着用汉语给同伴说说图片上的事情。*Talk about the pictures with a partner in Chinese.*

Word box

车站 chēzhàn bus station

站牌 zhànpái sign

大妈 dàmā old lady

大学城 dàxué chéng university city

①

②

③

④

大学城到了。
Dàxué chéng dào le.

九、课堂游戏 Games

开火车。四到五人一组,每人选择中国的一个城市名(北京、上海、西安、广州),大家都要记住自己选择城市的名字。选择北京的人开始说:"北京的火车就要开!"大家一起问:"往哪儿开?",他从其他三人所选城市中挑一个,说"往上海开。"这时候,选择上海的人就要马上接着说:"上海的火车就要开。"要求听到火车开往自己所选的城市时,立刻做出反应。*Drive a train of words. Work in a group of 4 or 5. Each student chooses a name of city of China (Beijing, Shanghai, Xi'an or Guangzhou) and keeps the name in mind. The student choosing Beijing starts the game by saying* 北京的火车就要开! (Běijīng de huǒchē jiù yào kāi!) *The other students proceed by asking* 往哪儿开? (Wǎng nǎr kāi?) *The student choosing Beijing selects one from the other three cities and says* 往上海开。 (Wǎng Shànghǎi kāi.)

Then the student choosing Shanghai continues to say 上海的火车就要开。 *(Shànghǎi de huǒchē jiù yào kāi.) The game proceeds on like this, it's required that a student pay a quick response when hearing the name of city as the destination.*

Sentence patterns

同学1:	北京的火车就要开！	The train from Beijing is ready to leave.
	Běijīng de huǒchē jiù yào kāi!	
大家:	往哪儿开？	Where is it leaving for?
	Wǎng nǎr kāi?	
同学1:	往上海开。	It's leaving for Shanghai?
	Wǎng Shànghǎi kāi.	
同学2:	上海的火车就要开？	The train from Shanghai is ready to leave.
	Shànghǎi de huǒchē jiù yào kāi?	
大家:	往哪儿开？	Where is it leaving for?
	Wǎng nǎr kāi?	

常用语句　Useful Language

在那儿!
Zài nàr!
It's over there.

生活汉字　Chinese Characters in Our Lives

停车场
tíng chē chǎng
car park

出租车
chūzū che
taxi

我的空调坏了
Wǒ de kōngtiáo huài le

The Air-Conditioner in My Room Doesn't Work

目标 Objectives

1. 学会打电话的常用语 *Learn to make a phone call*
2. 学会简单求助 *Learn the simple expressions of asking for help*

准备 Preparation

○ 什么坏了？ **What doesn't work?**

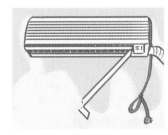

空调坏了
kōngtiáo huài le
air-conditioner
①

马桶坏了
mǎtǒng huài le
toilet
②

电脑坏了
diànnǎo huài le
computer
③

自行车坏了
zìxíngchē huài le
bicycle
④

生词　New Words

1 喂 hello wèi	2 服务台 service desk fúwù tái	3 事儿 matter shìr
4 马桶 toilet mǎtǒng	5 坏 go bad, doesn't huài work	6 我们 we, us wǒmen	7 马上 right away mǎshàng
8 来 come lái	9 空调 air-conditioner kōngtiáo	10 也 also, too yě
11 问题 problem, question wèntí	12 热 hot rè	13 知道 know zhīdào
14 打扫 clean dǎsǎo	15 不用了 not necessary, don't bother about it bú yòng le	16 会 be able to do sth. huì (esp. sth learnt)
17 修 repair xiū	18 电脑 computer diànnǎo	19 帮 help bāng
20 能 can néng	21 上网 surf on the Internet shàng wǎng	22 可能 possibly kěnéng
23 病毒 computer virus bìngdú		

◉ 从你学过的词语里选择合适的词与下面的词语搭配。**Use the proper words you've learnt to match the words below.**

修＿＿＿＿＿＿＿＿＿＿＿＿　　　　　可能＿＿＿＿＿＿＿＿＿＿＿＿
xiū　　　　　　　　　　　　　　　kěnéng

打扫＿＿＿＿＿＿＿＿＿＿＿＿＿＿＿＿
dǎsǎo

句子　Sentences

1. 我的马桶坏了。 There is something wrong with my toilet.
   Wǒ de mǎtǒng huài le.

2. 空调也有问题。 The air-conditioner has problems too.

   Kōngtiáo yě yǒu wèntí.

3. 房间要打扫吗？ Do you want your room cleaned?

   Fángjiān yào dǎsǎo ma?

4. 你会修电脑吗？ Are you able to repair a computer?

   Nǐ huì xiū diànnǎo ma?

5. 会一点儿。 I know a little bit.

   Huì yìdiǎnr.

6. 帮我修一下电脑可以吗？ Could you help me repair my computer?

   Bāng wǒ xiū yíxià diànnǎo kěyǐ ma?

7. 你的电脑怎么了？ What's the problem with your computer?

   Nǐ de diànnǎo zěnme le?

8. 我的电脑不能上网了。 I can't surf on the Internet.

   Wǒ de diànnǎo bù néng shàng wǎng le.

○ 看看下面的图片，想一想他们可能说了什么。 **Look at the pictures and think what they might say.**

① ② ③

我的空调坏了

朱丽：喂[1]，是服务台吗？
Zhūlì: Wèi, shì fúwù tái ma?

服务员：是。请问有什么事儿？
Fúwùyuán: Shì. Qǐngwèn yǒu shénme shìr?

朱丽：我住608，我的马桶坏了[2]。
Zhūlì: Wǒ zhù liùlíngbā, wǒ de mǎtǒng huài le.

服务员：好的，我马上来。
Fúwùyuán: Hǎo de, wǒ mǎshàng lái.

朱丽：空调也有问题，房间很热。
zhūlì: Kōngtiáo yě yǒu wèntí, fángjiān hěn rè.

服务员：知道了。房间要打扫吗？
Fúwùyuán: Zhīdào le. Fángjiān yào dǎsǎo ma?

朱丽：不用了，谢谢！
Zhūlì: Bú yòng le, xièxie!

Julie: Hello, may I speak to the service desk?
Attendant: Yeah, it is, what can I help you?
Julie: I live in room 608. There is something wrong with my toilet.
Attendant: OK, I'll come soon.
Julie: The air-conditioner has problems too, and the room is very hot.
Attendant: I see. Do you want your room cleaned?
Julie: Don't bother, thanks.

1 喂 is a common greeting when making or receiving a phone call. It should be read as wèi.

2 Here 了 is used after an adjective or a sentence to indicate a change. E.g. 我胖了 means I was not fat, but become fat now. 天黑了 means It was light a moment ago but turns dark now.

◉ 根据对话1补全下面这段话。Complete the following paragraph according to Dialog 1.

朱丽住在_____房间。她的_____坏了，_____也有问题。她给服务
Zhūlì zhù zài　　　fángjiān. Tā de　　　huài le　　　yě yǒu wèntí Tā gěi fúwù

台打了电话，服务员说_____。服务员问朱丽_____，朱丽告诉她_____。
tái dǎ le diànhuà, fúwùyuán shuō　　　Fúwùyuán wèn Zhūlì　　　Zhūlì gàosu tā

◉ 根据对话1选择合适的句子填空。Fill in the blanks with proper sentences according to Dialog 1.

请问，有什么事儿？ Qǐngwèn, yǒu shénme shìr?	
	不用了，谢谢！ Bú yòng le, xièxie!

对话2 Dialog 2

英爱： 喂，请问王浩在吗？
Yīng'ài: Wèi, qǐngwèn Wáng Hào zài ma?

王浩： 我是王浩，请问你是哪位？
Wáng Hào: Wǒ shì Wáng Hào, qǐngwèn nǐ shì
nǎ wèi?

英爱： 我是英爱。
Yīng'ài: Wǒ shì Yīng'ài.

王浩： 你好！有什么事儿吗？
Wáng Hào: Nǐ hǎo! Yǒu shénme shìr ma?

英爱： 你会³修电脑吗？
Yīng'ài: Nǐ huì xiū diànnǎo ma?

王浩： 会一点儿。
Wáng Hào: Huì yìdiǎnr.

英爱： 帮我修一下可以吗？
Yīng'ài: Bāng wǒ xiū yíxià kěyǐ ma?

王浩： 可以。你的电脑怎么了⁴？
Wáng Hào: Kěyǐ. Nǐ de diànnǎo zěnme le?

英爱： 不能上网了。
Yīng'ài: Bù néng shàng wǎng le.

王浩： 可能有病毒。
Wáng Hào: Kěnéng yǒu bìngdú.

Yingai:	Hello, may I speak to Wang Hao?
Wang Hao:	I'm Wang Hao, who is calling?
Yingai:	Here is Yingai.
Wang Hao:	How are you? What's up?
Yingai:	Are you able to repair a computer?
Wang Hao:	I know a little bit.
Yingai:	Could you help me repair my computer?
Wang Hao:	Yeah, what's the problem with it?
Yingai:	I can't surf on the Internet.
Wang Hao:	Maybe it catches a computer virus.

3 会 means *to know how to do sth. and to be able to do sth.* It is used to mean a skill that has just been learnt. E.g. 我会做饭, 他会说汉语.

4 怎么了 is used to enquire sb. about the condition of sth. further with concern after knowing that something wrong happens to sb. E.g. 你的手怎么了？

Knowledge: Chinese telephone language

1. Chinese people say 我是……(I am …), rather than 这是……(This is …) to introduce oneself.
2. 请问您是哪位 means 你是谁（Who are you? Who is calling?）, and it sounds more polite and decent.
3. 您有什么事儿吗? is used to enquire about the matter.
4. You can say 谢谢你给我打电话 by ending the call.

我的空调坏了

○ 画线连接，组成对话。**Draw lines to complete the dialogs.**

1 请问王浩在吗？
Qǐngwèn Wáng Hào zài ma?

a 可以。
Kěyǐ.

2 你会修电脑吗？
Nǐ huì xiū diànnǎo ma?

b 不能上网了。
Bù néng shàng wǎng le.

3 帮我修一下可以吗？
Bāng wǒ xiū yíxià kěyǐ ma?

c 会一点儿。
Huì yìdiǎnr.

4 你的电脑怎么了？
Nǐ de diànnǎo zěnme le?

d 我是王浩，请问你是哪位？
Wǒ shì Wáng Hào, qǐngwèn nǐ shì nǎ wèi?

活动 Activities

一、看图学词语 **Look and Learn Words**

从词库里选择词语写在合适的图片下边。*Choose the proper words from the word box and write them under the related pictures.*

Word box

电视 diànshì television   电话 diànhuà telephone   台灯 táidēng desk lamp
洗衣机 xǐyījī washing machine   柜子 guìzi closet   床 chuáng bed
桌子 zhuōzi desk   椅子 yǐzi chair

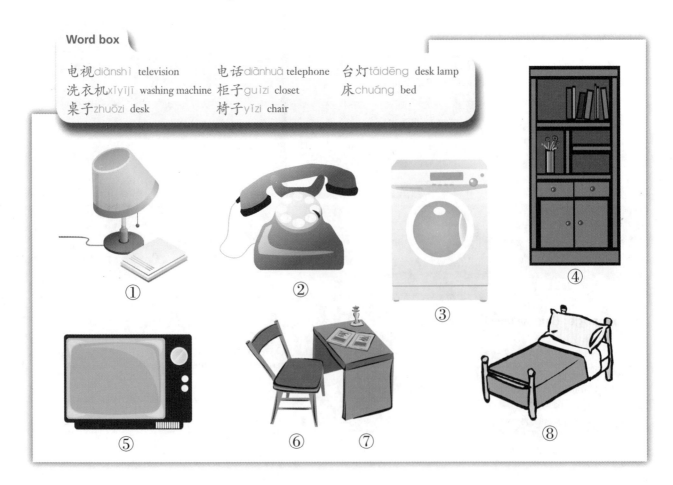

① ② ③ ④ ⑤ ⑥ ⑦ ⑧

二、双人活动 Pair Work

想一想你的房间里有什么，填在下面的表格中。然后和同伴比较一下，看看你们俩房间里的东西一样不一样。*Think about the furniture and other items in your room and fill the names in the table. Compare the answer with your partner's and discuss the similarities and differences.*

> **Sentence pattern**
>
> 你的房间里有……吗？
> Nǐ de fángjiān lǐ yǒu ... ma?

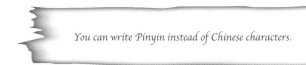

You can write Pinyin instead of Chinese characters.

	You	Your partner
房间里有		
房间里没有		

三、画线连接 Draw Lines and Match

图上的杰克遇到了什么问题？他应该对服务员说什么？请用直线把合适的句子和对应的图连接起来。*What troubles does Jack meet in the following pictures? What should he say to the room attendant? Please match the proper sentences with related pictures.*

1. 我的房间没有水。
   Wǒ de fángjiān méiyǒu shuǐ.

2. 我的灯坏了。
   Wǒ de dēng huài le.

3. 我的电视坏了。
   Wǒ de diànshì huài le.

4. 请帮我修一下电视。
   Qǐng bāng wǒ xiū yíxià diànshì.

5. 请打扫一下房间。
   Qǐng dǎsǎo yíxià fángjiān.

给老师的提示：
最后您可以将这几个句子领读几遍。

四、全班活动 Class Work

每人从老师事先准备好的卡片中抽一张,然后开始电话求助。*Each student draws a card prepared by the teacher in advance. Then take turns to perform the scene of asking for help by phone.*

Sentence patterns

A: 喂，请问你是哪位？
　　Wèi, qǐngwèn nǐ shì nǎ wèi?
B: 我是……。
　　Wǒ shì ....
A: 你好，有什么事儿吗？
　　Nǐ hǎo, yǒu shénme shìr ma?
B: 我的……坏了。你帮我修一下，可以吗？
　　Wǒ de ... huài le. Nǐ bāng wǒ xiū yíxià, kěyǐ ma?
A: ……

给老师的提示：
您可以将学过的词语写在纸条上，让学生抽签，每个学生应该有一张写着不同词语的纸条，如"空调"、"马桶"、"电视"、"电脑"、"手机"等等。

五、你来试试 Your Turn

熟读下面这段话，然后试着说说你自己。*Read the following paragraph well and then try to say about yourself.*

英爱的电脑坏了，不能上网。她给王浩打电话，问他会不会修电脑，王浩说会一点儿。英爱很高兴，她请王浩帮她修一下电脑。

Yīng'ài de diànnǎo huài le, bù néng shàng wǎng. Tā gěi Wáng Hào dǎ diànhuà, wèn tā huì bu huì xiū diànnǎo, Wáng Hào shuō huì yìdiǎnr. Yīng'ài hěn gāoxìng, tā qǐng Wáng Hào bāng tā xiū yíxià diànnǎo.

六、语音练习 Pronunciation Practice

1. 熟读下列词语。*Read the following words well.*

坏	会	修	帮	能
huài	huì	xiū	bāng	néng

空调	电脑	问题	服务	打扫
kōngtiáo	diànnǎo	wèntí	fúwù	dǎsǎo

2. 声母练习。*Practice consonants.*

kong–gong　sao–shao　nao–lao

3. 韵母练习。*Practice vowels.*

bang–ban　hua–hai　jian–jiang

4. 声调练习。*Practice tones.*

tǒng–tōng　fáng–fǎng　néng–nèng　wǔ–wǔ

七、替换练习 Substitution

用表格右侧的词语替换句中画线的部分，并说出完整的句子。*Use the words on the right side to say several new and complete sentences.*

1. 请帮我修一下 电脑 。 Qǐng bāng wǒ xiū yíxià diànnǎo.	马桶　　　　　空调　　　　　电视 mǎtǒng　　　　kōngtiáo　　　　diànshì
2. 我的 电脑 坏了。 Wǒ de diànnǎo huài le.	电话　　　　　手机 mobile phone　门 door diànhuà　　　　shǒujī　　　　mén
3. 你的 电脑 怎么了? Nǐ de diànnǎo zěnme le?	灯 lamp dēng
4. 你会修 电脑 吗? Nǐ huì xiū diànnǎo ma?	

八、连句 Make Sentences

将所给的词语按照正确的语序连成句子。*Make sentences of correct word order with the given words.*

1. 吗　　　我　　　修　　　帮　　　一下　　　可以　　　电话
   ma　　　wǒ　　　xiū　　　bāng　　　yíxià　　　kěyǐ　　　diànhuà

2. 电脑　　　的　　　你　　　病毒　　　有　　　可能
   diànnǎo　　　de　　　nǐ　　　bìngdú　　　yǒu　　　kěnéng

3. 的　　　电视　　　问题　　　有　　　也　　　他
   de　　　diànshì　　　wèntí　　　yǒu　　　yě　　　tā

4. 电脑　　　的　　　我　　　能　　　上网　　　不　　　了
   diànnǎo　　　de　　　wǒ　　　néng　　　shàng wǎng　　　bù　　　le

我的空调坏了

九、看图说话 Talk About the Pictures

试着用汉语给同伴说说图片上的事情。*Talk about the pictures with a partner in Chinese.*

Word box

玩儿游戏 wǎnr yóuxì play games　　停电 tíng diàn electricity cutoff

生气 shēng qì angry　　　　　　高兴 gāoxìng glad, happy

① ② ③ ④

十、课堂游戏 Games

抽签猜词语。老师准备好若干张词语卡片，学生每人抽一张，请学生到教室的前边来，并根据卡片上词的意思，用身体语言将词语的意思表现出来，让全班同学猜。*A game of charades. The teacher prepared a set of word cards with one word on each card. Each student draws a card and come to the front of the classroom. Then he/she acts out the meaning of the word, while the other students try to guess the word.*

给老师的提示：
可以利用"看图学词语"中的词语，也可以选用下面的参考词语：空调、电脑、电话、马桶、电视、打扫、修。

常用语句 | Useful Language

借一下雨伞可以吗?
Jiè yíxià yǔsǎn kěyǐ ma?
Could you lend me an umbrella?

生活汉字 | Chinese Characters in Our Lives

出口
chūkǒu
exit

入口
rùkǒu
entrance

你怎么了？

Nǐ zěnme le?

What's Wrong with You?

目标 **Objectives**

1 学习询问和说明病状 *Learn to ask and describe health problems*

2 学会请假 *Learn to ask for a leave*

准备 **Preparation**

● 她怎么了？ What's wrong with her？

头疼
tóuténg
headache

①

嗓子疼
sǎngzi téng
throat sore

②

肚子疼
dùzi téng
stomachache

③

拉肚子
lā dùzi
diarrhea

④

恶心
ěxin
sick

⑤

吐
tù
vomit

⑥

生词 New Words

1 舒服 comfortable shūfu		2 感冒 catch a cold gǎnmào		3 头 head tóu	
4 疼 ache téng		5 嗓子 throat sǎngzi		6 药 medicine yào	
7 请假 ask for a leave qǐng jià		8 好好儿 to one's heart's content hǎohāor		9 医生 doctor yīshēng	
10 肚子 stomach dùzi		11 拉肚子 suffer from diarrhea lā dùzi		12 吐 vomit tù	
13 但是 but dànshì		14 觉得 feel juéde		15 恶心 sick ěxin	
16 昨天 yesterday zuótiān		17 东西 thing, stuff dōngxi		18 开 prescribe (some kāi medicine)	

⊙ 从你学过的词语里选择合适的词与下面的词语搭配。Use the proper words you've learnt to match the words below.

觉得_____   _____ 疼
juéde   téng

_____ 休息   _____ 能
                               xiūxi   néng

句子 Sentences

1. 你怎么了？ What's wrong with you?
   Nǐ zěnme le?

2. 我不舒服。 I'm not feeling well.
   Wǒ bù shūfu.

你怎么了？

3. 是不是感冒了？ Did you catch a cold?
   Shì bu shì gǎnmào le?

4. 我头疼，嗓子也疼。 I've got a headache and a sore throat.
   Wǒ tóuténg, sǎngzi yě téng.

5. 你今天能上课吗？ Can you attend today's classes?
   Nǐ jīntiān néng shàng kè ma?

6. 我要请假。 I have to ask for a leave.
   Wǒ yào qǐng jià.

7. 你怎么不舒服？ How do you feel uncomfortable?
   Nǐ zěnme bù shūfu?

8. 我拉肚子。 I'm suffering from diarrhea.
   Wǒ lā dùzi.

9. 没有（吐），但是觉得恶心。 I didn't vomit, but I feel sick.
   Méiyǒu (tù), dànshì juéde ěxin.

◎ **看看下面的图片，想一想他们可能说了什么。Look at the pictures and think what they might say.**

①

②

对话 1 | Dialog 1

李静: 你怎么了？
Lǐ Jìng: Nǐ zěnme le?

朱丽: 我不舒服。
Zhūlì: Wǒ bù shūfu.

李静: 是不是[1]感冒了？
Lǐ Jìng: Shì bu shì gǎnmào le?

朱丽: 我头疼，嗓子也疼。
Zhūlì: Wǒ tóuténg, sǎngzi yě téng.

李静: 吃药了吗？
Lǐ Jìng: Chī yào le ma?

朱丽: 吃了。
Zhūlì: Chī le.

李静: 你今天能上课吗？
Lǐ Jìng: Nǐ jīntiān néng shàng kè ma?

朱丽: 不能，我要请假。
Zhūlì: Bù néng, wǒ yào qǐng jià.

李静: 你好好儿[2]休息吧，我帮你请假。
Lǐ Jìng: Nǐ hǎohāor xiūxi ba, wǒ bāng nǐ qǐng jià.

Li Jing: What's wrong with you?
Julie: I'm not feeling well.
Li Jing: Did you catch a cold?
Julie: I've got a headache and a sore throat.
Li Jing: Did you take some medicine?
Julie: Yeah, I did.
Li Jing: Can you attend today's classes?
Julie: I'm afraid not. I have to ask for a leave.
Li Jing: You'd better have a good rest. I'll help you ask for a leave.

1 The pattern of "是不是 + verb/adjective + 了" is used to indicate a conjecture. E.g. 他是不是回国了? (Did he return to his country?) 你是不是没有课? (Don't you have any classes?)

2 好好儿 should be pronounced as "hǎohāor", and 好好儿休息 means *to have an enough and complete rest*. Other examples are 好好儿准备 (to have a good preparation), 好好儿玩儿 (to have a good play).

⦿ 根据对话1回答问题。**Answer the questions according to Dialog 1.**

1. 朱丽怎么了？
   Zhūlì zěnme le?

2. 她吃药了吗？
   Tā chī yào le ma?

3. 她今天能上课吗？
   Tā jīntiān néng shàng kè ma?

对话 2   Dialog 2

医生: 你怎么不舒服?
Yīshēng: Nǐ zěnme bù shūfu?

杰克: 我拉肚子。
Jiékè: Wǒ lā dùzi.

医生: 肚子疼吗?
Yīshēng: Dùzi téng ma?

杰克: 有一点儿[3]。
Jiékè: Yǒu yìdiǎnr.

医生: 吐了吗?
Yīshēng: Tù le ma?

杰克: 没有(吐),但是觉得恶心。
Jiékè: Méiyǒu (tù),   dànshì juéde ěxin.

医生: 昨天吃什么了?
Yīshēng: Zuótiān chī shénme le?

杰克: 吃了[4]很多东西。
Jiékè: Chī le hěn duō dōngxi.

医生: 我给你开点儿药。
Yīshēng: Wǒ gěi nǐ kāi diǎnr yào.

Doctor: How do you feel uncomfortable?
Jack: I'm suffering from diarrhea.
Doctor: Have you got a stomachache?
Jack: A little bit.
Doctor: Did you vomit?
Jack: No, but I feel sick.
Doctor: What did you eat yesterday?
Jack: I ate a lot of things.
Doctor: I'll prescribe some medicine for you.

3 有一点儿 is used before an adjective to mean *to some extent, slightly*. You can't say 一点儿疼.

4 Here 了 is used after a verb to indicate a completion of an action.

Knowledge: Chinese medical science and medicine

中医 (Zhongyi) is a traditional Chinese medical science, which is particular about the balance of yin and yang (two opposing principles existing in substances, people, and all things under the heaven) , unlike Western medical science.

Chinese medicine practitioners use observation, auscultation and olfaction, interrogation, and palpation for diagnosis and prescription of Chinese medicine. Furthermore, acupuncture, cupping and etc. are supplementary methods of Chinese treatments.

Chinese herbal therapy draws from a base of more than three thousand ingredients. Over 95% come from plants and the rest come from animals or minerals. Plants of Chinese medicine include roots, stems, seeds, leaves, etc, and animals include insects, beasts, reptiles, fish and etc.

Chinese hold the idea that traditional Chinese medicine does little harm to one's body and the environment.

● 画线连接，组成对话。**Draw lines to complete the dialogs.**

1 你怎么不舒服？
Nǐ zěnme bù shūfu?

a 没有。
Méiyǒu.

2 肚子疼吗？
Dùzi téng ma?

b 吃了很多东西。
Chī le hěn duō dōngxi.

3 昨天吃什么了？
Zuótiān chī shénme le?

c 有一点儿。
Yǒu yìdiǎnr.

4 吐了吗？
Tù le ma?

d 我拉肚子。
Wǒ lā dùzi.

● 请你试着说说杰克的病情。**Please try to describe Jack's health problems.**

活动 Activities

一、看图学词语 Look and Learn Words

从词库里选择词语写在身体部位旁边。*Choose the proper words from the word box and write them next to the parts of the human body on the picture.*

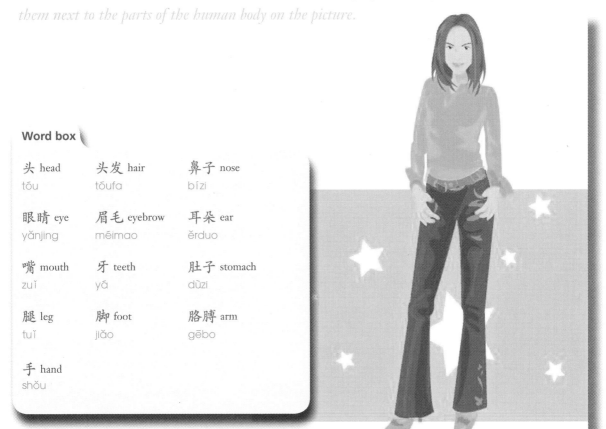

Word box

头 head tóu	头发 hair tóufa	鼻子 nose bízi
眼睛 eye yǎnjing	眉毛 eyebrow méimao	耳朵 ear ěrduo
嘴 mouth zuǐ	牙 teeth yá	肚子 stomach dùzi
腿 leg tuǐ	脚 foot jiǎo	胳膊 arm gēbo
手 hand shǒu		

二、双人活动 Pair Work

下面图片上的这个人怎么了，和同伴一起做问答练习，说一说这个人的情况。*What's wrong with the person in the pictures below? Ask and answer the questions about the person' health problems with a partner.*

Language Patterns

A: 他怎么了？
   Tā zěnme le?

B: 他……
   Tā ...

Word box

流鼻涕 liú bítì have a running nose

打喷嚏 dǎ pēntì sneeze

① ② ③ ④ ⑤

三、全班活动 Class Work

请假。每个人从老师准备好的表示身体部位名称的词语卡片中拿一张，由一个同学开始向旁边的同学发问，旁边的同学回答后，向另一个同学发问。*Ask for a leave. Each student draws a word card prepared by the teacher in advance, on which a name of the body's part is written. Start with a student by asking a question to the next student. He /She should answer it and then ask a question to the next.*

Sentence patterns

A：老师，我要请假。
   Lǎoshī, wǒ yào qǐng jià.

B：你怎么了？
   Nǐ zěnme le?

A：我 ……
   Wǒ ...

给老师的提示：
别忘了将身体的部位名
称做成小卡片。

四、你来试试 Your Turn

熟读下面这段话，然后试着说说你自己。*Read the following paragraph well and then try to say about yourself.*

杰克昨天晚上吃了很多东西，今天早上他不舒服，肚子有一点儿疼、拉肚子，还恶心，他去 医院 hospital 了。 大夫 doctor 问了他的 情况 condition ，然后给他开了药。

Jiékè zuótiān wǎnshang chī le hěn duō dōngxi, jīntiān zǎoshang tā bù shūfu, dùzi yǒu yìdiǎnr téng, lā dùzi, hái ěxin, tā qù yīyuàn le. Dàifu wèn le tā de qíngkuàng, ránhòu gěi tā kāi le yào.

五、语音练习 Pronunciation Practice

1. 熟读下列词语。*Read the following words well.*

头	疼	药	吐
tóu	téng	yào	tù

舒服	嗓子	觉得	请假
shūfu	sǎngzi	juéde	qǐng jià

2. 声母练习 *Practice consonants*

shu–su   tou–dou   neng–leng

3. 韵母练习 *Practice vowels*

jue–jie   yan–yang   dong–deng

4. 声调练习 *Practice tones*

gǎi–māi   jià–jiǎ   ě–ē

六、替换练习 Substitution

用表格右侧的词语替换句中画线的部分，并说出完整的句子。*Use the words on the right side to say several new and complete sentences.*

1. 我帮你 请假 。	修电脑	打扫房间	开门 open a door
Wǒ bāng nǐ qǐng jià.	xiū diànnǎo	dǎsǎo fángjiān	kāi mén

2. 是不是 感冒 了?	上课	下课	病 being ill
Shì bu shì gǎnmào le?	shàng kè	xià kè	bìng

3. 你好好儿休息吧。 Nǐ hǎohāor xiūxi ba.	睡觉 shuìjiào	学习 xuéxí	玩儿 play wánr
4. 我觉得恶心。 Wǒ juéde ěxin.	头疼 tóuténg	肚子疼 dùzi téng	好吃 hǎo chī
5. 你今天能上课吗？ Nǐ jīntiān néng shàng kè ma?	休息 xiūxi	去公司 go to one's company qù gōngsī	上班 go to work shàng bān

七、提问 Ask Questions

请根据画线部分提问。*Ask questions to the parts underlined.*

> Example：我要一个土豆丝。——你要什么？
> Wǒ yào yí ge tǔdòusī. — Nǐ yào shénme?

1. 我头疼、嗓子疼。
   Wǒ tóuténg, sǎngzi téng.

2. 我拉肚子。
   Wǒ lā dùzi.

3. 我肚子有一点儿疼。
   Wǒ dùzi yǒu yìdiǎnr téng.

4. 我吃了很多东西。
   Wǒ chī le hěn duō dōngxi.

八、看图说话 Talk About the Pictures

试着用汉语给同伴讲讲图片上的故事。*Talk about the pictures with a partner in Chinese.*

①

②

Word box

醉 drunk zuì	因为……所以…… because...so... yīnwèi ... suǒyǐ ...

九、课堂游戏 Games

两人一组，一个人说出身体的一个部位，另一个人必须马上指出这个部位。说的人应该越来越快，指的人必须快速准确地指向所说的部位。如果指错了，则应该"受罚"唱歌，然后换成受罚的人说身体部位，另一个人指出该部位。

Work in pairs. One says the name of a part of the body and the other should point to that part on his/her own body quickly. Say and point quicker and quicker. If the person points wrong, he/she will be "punished" by singing a song. Then exchange the "punished" person says and the other points. roles.

常用语句 Useful Language

用汉语怎么说？
Yòng Hànyǔ zěnme shuō?
How to say it in Chinese?

生活汉字 Chinese Characters in Our Lives

医院
yīyuàn
hospital

药店
yàodiàn
pharmacy

115

我想睡懒觉
Wǒ xiǎng shuì lǎnjiào
I Want to Sleep In

目标 Objectives

1 学会说打算 *Learn to talk about plans*

2 学会简单的邀约 *Learn the simple expressions of invitation*

准备 Preparation

○ 周末你想干什么？ **What do you plan to do on the weekend?**

看京剧
kàn jīngjù
see a Beijing opera

①

②

睡懒觉
shuì lǎnjiào
sleep in

去超市
qù chāoshì
go to a supermarket

唱歌
chàng gē
sing songs

③

④

生词 New Words

1 空儿 free time kōngr	2 京剧 Beijing opera jīngjù	3 和 and, with hé
4 一起 together yìqǐ	5 当然 of course dāngrán	6 见面 meet jiànmiàn
7 一楼 ground floor yī lóu	8 大厅 hall dàtīng	9 一定 surely, certainly yídìng
10 准时 on time zhǔnshí	11 打算 plan dǎsuàn	12 干 do gàn
13 睡懒觉 sleep in shuì lǎnjiào	14 卡拉OK karaoke kǎlā OK	15 啊 an interjection ā
16 好久 a long time hǎojiǔ	17 唱歌 sing (songs) chàng gē	18 叫（上） call, ask jiào(shang)
19 告诉 tell gàosu	20 给 to, toward gěi	21 打 make (a phone call) dǎ	22 电话 telephone diànhuà

○ 从你学过的词语里选择合适的词与下面的词语搭配。Use the proper words you've learnt to match the words below.

打算 _____
dǎsuàn

告诉 _____
gàosu

一起 _____
yìqǐ

一定 _____
yídìng

句子 Sentences

1. 你晚上有空儿吗？ Are you free this evening?
   Nǐ wǎnshang yǒu kōngr ma?

2. 我想去看京剧。 I want to see a Beijing opera.
   Wǒ xiǎng qù kàn jīngjù.

3. 你能和我一起去吗？ Could you go with me?

   Nǐ néng hé wǒ yìqǐ qù ma?

4. 我一定准时到。 I'll certainly be there on time.

   Wǒ yídìng zhǔnshí dào.

5. 周末你们打算干什么？ What do you plan to do on the weekend?

   Zhōumò nǐmen dǎsuàn gàn shénme?

6. 我打算去超市买东西。 I'm going shopping in the supermarket.

   Wǒ dǎsuàn qù chāoshì mǎi dōngxi.

7. 一起去卡拉OK，好吗？ Shall we go to a karaoke bar together?

   Yìqǐ qù kǎlā OK, hǎo ma?

8. 我好久没唱歌了。 I haven't sung a song for a long time.

   Wǒ hǎojiǔ méi chàng gē le.

⦿ 看看下面的图片，想一想他们可能说了什么。 Look at the pictures and think what they might say.

① ②

对话 1 | Dialog 1

杰克： 晚上有空儿吗？
Jiékè: Wǎnshang yǒu kòngr ma?

王浩： 今天我有事儿，明天晚上有空儿。
Wáng Hào: Jīntiān wǒ yǒu shìr, míngtiān wǎnshang
yǒu kòngr.

杰克： 我想[1]去看京剧，你能和我一起
Jiékè: Wǒ xiǎng qù kàn jīngjù, nǐ néng hé

去吗？
wǒ yìqǐ qù ma?

王浩： 当然可以。
Wáng Hào: Dāngrán kěyǐ.

杰克： 太好了，几点见面？
Jiékè: Tài hǎo le, jǐ diǎn jiànmiàn?

王浩： 晚上6点，可以吗？
Wáng Hào: Wǎnshang liù diǎn, kěyǐ ma?

杰克： 可以，在哪儿？
Jiékè: Kěyǐ, zài nǎr?

王浩： 在你们一楼的大厅。
Wáng Hào: Zài nǐmen yī lóu de dàtīng.

杰克： 好，我一定准时到。
Jiékè: Hǎo, wǒ yídìng zhǔnshí dào.

Jack: Are you free this evening?
Wang Hao: I'm engaged today, and will be free tomorrow evening.
Jack: I want to see a Beijing opera, and could you go with me?
Wang Hao: Of course.
Jack: Great. What time shall we meet?
Wang Hao: Six o'clock in the evening, OK?
Jack: Sure. And where shall we meet?
Wang Hao: In the hall of your ground floor.
Jack: OK. I'll certainly be there on time.

1 我想去看京剧 and 我要去看京剧 have a close but slightly different meaning. 我想做…… indicates that the speaker has just an initial idea but is far from being determined and firm in attitude. While 我要做…… implies that the speaker has already certain and specific ideas.

○ 根据对话1回答问题。**Answer the questions according to Dialog 1.**

1. 杰克今天晚上想干什么？
   Jiékè jīntiān wǎnshang xiǎng gàn shénme?

2. 王浩今天晚上能和他一起去吗？
   Wáng Hào jīntiān wǎnshang néng hé tā yìqǐ qù ma?

3. 他们什么时候去？
   Tāmen shénme shíhou qù?

4. 他们几点见面？
   Tāmen jǐ diǎn jiànmiàn?

5. 他们在哪儿见面？
   Tāmen zài nǎr jiànmiàn?

对话2　Dialog 2

李静:　明天是周末，你们打算干什么？
Lǐ Jìng:　Míngtiān shì zhōumò, nǐmen dǎsuàn
gàn shénme?

英爱:　我想睡懒觉。
Yīng'ài:　Wǒ xiǎng shuì lǎnjiào.

朱丽:　我打算去超市买东西。
Zhūlì:　Wǒ dǎsuàn qù chāoshì mǎi dōngxi.

李静:　晚上一起去卡拉OK，好吗？
Lǐ Jìng:　Wǎnshang yìqǐ qù kǎlā OK, hǎo ma?

英爱:　好啊[2]，我好久没[3]唱歌了。
Yīng'ài:　Hǎo ā, wǒ hǎojiǔ méi chàng gē le.

朱丽:　叫上王浩和杰克一起去吧。
Zhūlì:　Jiào shang Wáng Hào hé Jiékè yìqǐ qù ba.

李静:　好。你告诉杰克，我给[4]王浩
Lǐ Jìng:　Hǎo. Nǐ gàosu Jiékè, wǒ gěi Wáng Hào
打电话。
dǎ diànhuà.

Li Jing: Tomorrow is the weekend, and what do you plan to do?
Yingai: I want to sleep in.
Julie: I'm going shopping in the supermarket.
Li Jing: Shall we go to a karaoke bar in the evening?
Yingai: Alright. I haven't sung a song for a long time.
Julie: Let's call Wang Hao and Jack to go together.
Li Jing: OK. You tell Jack and I phone Wang Hao.

2　啊 is an interjection expressing an intense feeling. Here it expresses a happy mood.

3　好久 is often followed by 没 to indicate that the speaker hasn't done something for a long time but cherished an expectation of that in his/her mind. E.g 我好久没吃饺子了 means the speaker hasn't eaten jiaozi (dumplings) for a long time and he/she expected to eat.

4　Here 给 is a preposition and has the meaning of *to, toward*.

Knowledge: Beijing opera

Beijing opera is the most popular and influential opera in China. It is reputed as the quintessence of China, with a long history of 200 years. It is called as Beijing Opera because it is formed in Beijing.

The tunes of Beijing opera are rich and melodies are pleasant. It is characterized by dancing while singing. It mixes some movements of martial art, forms a number of fictitious props and creates many stylized movements.

There are four main roles in Beijing opera: sheng, dan, jing and chou, mainly playing Chinese history stories. The facial patterns, decorative and exaggerative, denote good or evil and reveal the personality and its fate of a character, and its splendid headdress and costume become unique features to Chinese drama.

○ 根据对话2回答问题。**Answer the questions according to Dialog 2.**

1. 明天英爱打算干什么？
   Míngtiān Yīng'ài dǎsuàn gàn shénme?

2. 明天朱丽打算干什么？
   Míngtiān Zhūlì dǎsuàn gàn shénme?

3. 明天晚上李静有什么打算？
   Míngtiān wǎnshang Lǐ Jìng yǒu shénme dǎsuàn?

4. 一共几个人一起去卡拉OK？
   Yígòng jǐ ge rén yìqǐ qù kǎlā OK?

5. 谁告诉王浩？谁告诉杰克？
   Shéi gàosu Wáng Hào? Shéi gàosu Jiékè?

○ 试着介绍一下三个姑娘周末的打算。**Try to introduce three girls' plans on the weekend.**

活动　Activities

一、看图学词语　Look and Learn Words

从词库里选择词语写在合适的图片下边。*Choose the proper words from the word box and write them under the related pictures.*

Word box

喝酒 hē jiǔ drink wine　喝咖啡 hē kāfēi drink coffee　看电影 kàn diànyǐng see a movie

散步 sànbù take a walk　买东西 mǎi dōngxi go shopping

⑤

①

②

③

④

二、双人活动 Pair Work

先填好你下周的时间安排表，看看你什么时候有空，选择一些你想做的事情。然后邀请你的同伴，看看他（她）有没有时间和你一起去。*Make a schedule for your next week. Look which day you are free, and plan what activity you want to do on that day. Invite your partner and ask him/her whether he/she is also free to do the activity with you on that day.*

星期一	星期二	星期三	星期四	星期五	星期六	星期日
上午						
下午						
晚上						

给老师的提示：
为了便于和学生交流，您也应该和学生一起填好表格。

三、全班活动 Class Work

给大家介绍你下周的活动安排，并试着多邀请一些人参加。*Each student describes his/her schedule for next week and invites more people to join in.*

> **Sentence patterns**
>
> 1. ……，你想和我们一起去吗？
>   … , nǐ xiǎng hé wǒmen yìqǐ qù ma?
>
> 2. ……，你能和我们一起去吗？
>   … , nǐ néng hé wǒmen yìqǐ qù ma?
>
> 3. 谁 (who) 想和我们一起去？
>   Shéi xiǎng hé wǒmen yìqǐ qù?

You may invite your teacher to join in.

四、你来试试 Your Turn

熟读下面这段话，然后试着说说你自己。*Read the following paragraph well and then try to say about yourself.*

明天是周末，朱丽打算去超市买东西。英爱很 累 tired，她想睡懒觉。李静好久没唱歌了，她想去卡拉OK唱歌。朱丽和英爱晚上有空儿，她们打算叫上王浩和杰克，5个人一起去。

Míngtiān shì zhōumò, Zhūlì dǎsuàn qù chāoshì mǎi dōngxi. Yīng'ài hěn lèi, tā xiǎng shuì lǎnjiào. Lǐ Jìng hǎojiǔ méi chàng gē le, tā xiǎng qù kǎlā OK chàng gē. Zhūlì hé Yīng'ài wǎnshang yǒu kòngr, tāmen dǎsuàn jiào shang Wáng Hào hé Jiékè, wǔ ge rén yìqǐ qù.

五、语音练习 Pronunciation Practice

1. 熟读下列词语。*Read the following words well.*

和	干	叫	给
hé	gàn	jiào	gěi

京剧	准时	打算	当然	告诉	好久
jīngjù	zhǔnshí	dǎsuàn	dāngrán	gàosu	hǎojiǔ

2. 声母练习。*Practice consonants.*

jiao-zhao   ran-lan   zhun-zun

3. 韵母练习。*Practice vowels.*

suan-san   lou-long   su-si

4. 声调练习。*Practice tones.*

gān-gàn   dāng-dàng   gāo-gào   kōng-kōng

六、替换练习 Substitution

用表格右侧的词语替换句中画线的部分，并说出完整的句子。*Use the words on the right side to say several new and complete sentences.*

1. 我好久没 唱歌 了。 Wǒ hǎojiǔ méi chàng gē le.	睡懒觉 shuì lǎnjiào	喝酒 hē jiǔ	看电影 see a movie kàn diànyǐng
2. 你能和 我 一起去吗? Nǐ néng hé wǒ yìqǐ qù ma?	我们 wǒmen	老师 lǎoshī	妈妈 mother māma
3. 一起去 卡拉OK，好吗? Yìqǐ qù kǎlā OK, hǎo ma?	吃饭 chī fàn	唱歌 chàng gē	逛街 stroll on a street, go shopping guàng jiē
4. 你 晚上 有空儿吗? Nǐ wǎnshang yǒu kòngr ma?	下午 xiàwǔ	明天 míngtiān	下周 next week xià zhōu

七、有问有答 Ask and Answer

请正确使用"打算"回答下列问题。*Use 打算 to answer the following questions correctly.*

1. 今天晚上你打算干什么?

　　Jīntiān wǎnshang nǐ dǎsuàn gàn shénme?

2. 明天你打算干什么?

　　Míngtiān nǐ dǎsuàn gàn shénme?

3. 周末你打算干什么?

    Zhōumò nǐ dǎsuàn gàn shénme?

4. 下个星期天你打算去哪儿?

    Xià ge xīngqītiān nǐ dǎsuàn qù nǎr?

八、看图说话 Talk About the Pictures

试着用汉语给同伴讲讲图片上的故事。 *Talk about the pictures with a partner in Chinese.*

Word box

食堂 shítáng dinning hall   牛排 niúpái steak

西餐 xīcān Western food   中餐 zhōngcān Chinese food

①   ②

③   ④

九、课堂游戏 Games

石头剪子布比赛 *A game of rock, paper, scissors*
比赛规则：*Rules*
1. 将同学两人一组分成若干小组。*Divide the whole class into several pairs.*
2. 石头赢剪子,剪子赢布,布赢石头。*Stone beats scissors, scissors beats paper, and paper beats stone.*
3. 采用淘汰赛的方式直至决出全班的冠军。*Play an elimination game until there is a class champion.*

You must say 石头，剪子，布 *in Chinese while playing by hands.*

常用语句 | Useful Language

来不及了。
Láibují le.
There will not be time!

生活汉字 | Chinese Characters in Our Lives

禁止吸烟
jìnzhǐ xīyān
no smoking

你家有几口人？

Nǐ jiā yǒu jǐ kǒu rén?

How Many People Are There in Your Family?

目标 **Objectives**

1　学会询问和介绍家庭情况 *Learn to ask and introduce your family*

2　学习说明职业 *Learn to describe occupations*

准备 **Preparation**

◉ 他/她是谁？ Who is he/she?

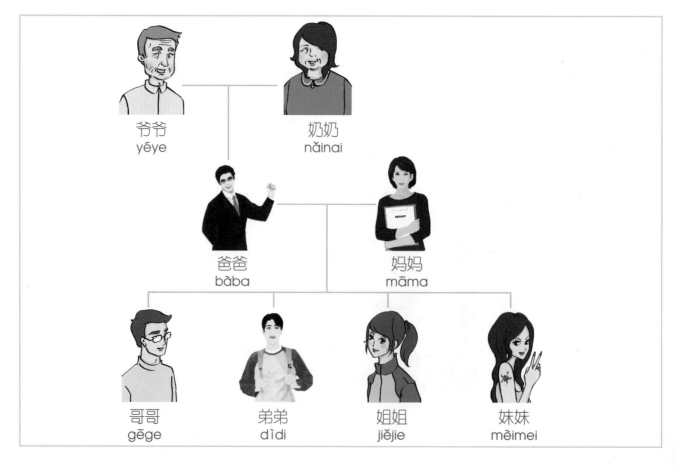

生词 New Words

1 家 family jiā	2 口 a measure word kǒu	3 哥哥 elder brother gēge	4 姐姐 elder sister jiějie
5 弟弟 younger brother dìdi	6 妹妹 younger sister mèimei	7 今年 this year jīnnián	8 多大 how old duō dà
9 工作 work gōngzuò	10 医院 hospital yīyuàn	11 护士 nurse hùshi	12 他们 they tāmen
13 谁 who shéi	14 爷爷 grandfather yéye	15 奶奶 grandmother nǎinai	16 帅 handsome shuài
17 以前 before, ago yǐqián	18 演员 actor/actress yǎnyuán	19 退休 retire tuìxiū	20 做 do zuò
21 厨师 chef chúshī	22 辛苦 hard, laborious xīnkǔ		23 对 correct, right duì

○ 从你学过的词语里选择合适的词与下面的词语搭配。Use the proper words you've learnt to match the words below.

做_____
zuò

_____很帅
hěn shuài

_____很漂亮
hěn piāoliang

_____很辛苦
hěn xīnkǔ

句子 Sentences

1. 你家有几口人？ How many people are there in your family?

   Nǐ jiā yǒu jǐ kǒu rén?

2. 你有哥哥姐姐吗？ Do you have any elder brothers or sisters?

   Nǐ yǒu gēge jiějie ma?

3. 我没有弟弟妹妹。 I don't have any younger brothers or sisters.

   Wǒ méiyǒu dìdi mèimei.

4. 她今年多大了? How old is she?

Tā jīnnián duō dà le?

5. 她在哪儿工作? Where is she working?

Tā zài nǎr gōngzuò?

6. 她是护士。She is a nurse.

Tā shì hùshi.

7. 你爷爷做什么工作? What did your grandfather do?

Nǐ yéye zuò shénme gōngzuò?

8. 奶奶以前是演员,现在退休了。My grandmother was an actress before,

Nǎinai yǐqián shì yǎnyuán, xiànzài tuìxiū le. and is retired now.

○ 看看下面的图片,想一想他们可能说了什么。**Look at the pictures and think what they might say.**

① ②

对话 1 **Dialog 1**

李静: 你家有几口[1]人?

Lǐ Jìng: Nǐ jiā yǒu jǐ kǒu rén?

英爱: 五口人。

Yīng'ài: Wǔ kǒu rén.

李静：有哥哥姐姐吗？
Lǐ Jìng: Yǒu gēge jiějie ma?

英爱：没有。有一个弟弟，一个妹妹。
Yīng'ài: Méiyǒu. Yǒu yí ge dìdi, yí ge mèimei.

李静：我没有弟弟妹妹，有一个姐姐。
Lǐ Jìng: Wǒ méiyǒu dìdi mèimei, yǒu yí ge jiějie.

英爱：她今年多大了²?
Yīng'ài: Tā jīnnián duō dà le?

李静：25岁。
Lǐ Jìng: Èrshíwǔ suì.

英爱：在哪儿工作?
Yīng'ài: Zài nǎr gōngzuò?

李静：在医院工作，是护士。
Lǐ Jìng: Zài yīyuàn gōngzuò, shì hùshi.

	Li Jing:	How many people are there in your family?
	Yingai:	Five persons.
	Li Jing:	Do you have any elder brothers or sisters?
	Yingai:	No, I don't. I have a younger brother and a younger sister.
	Li Jing:	I don't have any younger brothers or sisters, I only have an elder sister.
	Yingai:	How old is she?
	Li Jing:	25 years old.
	Yingai:	Where is she working?
	Li Jing:	She is a nurse, working in a hospital.

1 口 is a measure word for calculating the number of persons in a family. If calculating the number of persons in a class or a company, 个 will be used, e.g. 我们班有12个同学。

2 多大了 is used to ask the ages of children and youngsters. If asking the ages of elder people, a more polite form, 您多大年纪了? should be used.

◉ 根据对话1回答问题。**Answer the questions according to Dialog 1.**

英爱家有几口人? 他们都是谁? Yīng'ài jiā yǒu jǐ kǒu rén? Tāmen dōu shì shéi?	
李静的姐姐今年多大了? Lǐ Jìng de jiějie jīnnián duō dà le?	
她在哪儿工作? 做什么工作? Tā zài nǎr gōngzuò? Zuò shénme gōngzuò?	

你家有几口人？

（二人正在看照片）

李静：　他们是谁[3]？
Lǐ Jìng:　Tāmen shì shéi?

朱丽：　我的爷爷[4]和奶奶。
Zhūlì:　Wǒ de yéye hé nǎinai.

李静：　你爷爷很帅，你奶奶很漂亮。
Lǐ Jìng:　Nǐ yéye hěn shuài, nǐ nǎinai hěn piàoliang.

朱丽：　奶奶以前是演员，现在退休了。
Zhūlì:　Nǎinai yǐqián shì yǎnyuán, xiànzài tuìxiū le.

李静：　你爷爷做什么工作？
Lǐ Jìng:　Nǐ yéye zuò shénme gōngzuò?

朱丽：　他是厨师。
Zhūlì:　Tā shì chúshī.

李静：　这个工作很辛苦。
Lǐ Jìng:　Zhège gōngzuò hěn xīnkǔ.

朱丽：　对。
Zhūlì:　Duì.

(Li Jing and Julie are looking at the pictures.)
Li Jing:　Who are they?
　Julie:　My grandfather and grand-mother.
Li Jing:　Your grandfather looks very handsome and your grand-mother pretty.
　Julie:　My grandmother was an actress before, and is retired now.
Li Jing:　What did your grandfather do?
　Julie:　He was a chef.
Li Jing:　This job is very hard.
　Julie:　Yes, it is.

3　谁 can be pronounced as shuí, but in oral Chinese, it's often read as shéi.

4　我家，我爷爷，我奶奶 have the same meanings as 我的家，我的爷爷，我的奶奶. 的 can be omitted before 家 or such words indicating relatives as 爸爸，妈妈. E.g. 我爸爸，我妈妈.

Knowledge: Chinese families

The stereotyped view of the Chinese family was that of a large extended family, with three even four generations and immediate families all living under one roof. The elderly felt happy spending their declining years with their children; the children and grandchildren also enjoy their lives living with the elderly.

With the pace of life gradually accelerated, many traditional family values have gone through numerous dynamic changes in China. Most Chinese families in the cities have only one or two children. And the size of Chinese family is shrinking. There are more and more parents, who prefer living separately from their adult children and vice versa. Still, many people often choose to live near to their parents in order to take care of them conveniently.

○ 根据对话2说一段话，介绍一下朱丽的爷爷和奶奶。**Say something to introduce Julie's grandparents according to Dialog 2.**

活动 Activities

一、看图学词语 Look and Learn Words

从词库里选择词语写在合适的图片下边。*Choose the proper words from the word box and write them under the related pictures.*

Word box

厨师chúshī chef　　　医生yīshēng doctor　　　司机sījī driver

售货员shōuhuōyuán shop assistant　　职员zhíyuán clerk　　主妇zhǔfù housewife

① ② ③ ④ ⑤ ⑥

二、双人活动 Pair Work

和同伴一起猜职业。想一想你最了解的职业，给你的同伴表演，让他/她猜猜是什么职业。*Guess the occupation. Think about one of the occupations you're familiar with most. Act out the occupation and ask your partner to guess.*

给老师的提示：
您可以先找一个学生给大家
示范一下。

You can act out the occupation while describing it. You can describe the place he/she works and things he/she does everyday, etc. But you shouldn't say it directly. You can ask questions while your partner describes.

你家有几口人？

三、全班活动 Class Work

每个人给大家介绍一种你最喜欢的职业。然后大家共同评选出三种最好的职业。*Each student describes his/her favorite occupation to the class, and then all together select the top three best occupations.*

Word box

钱 qián 有意思 yǒu yìsi interesting 开心 kāixīn glad, happy

Sentence patterns

1. 每天在_____工作。
   Měitiān zài ___ gōngzuò.
2. 这个工作_____。
   Zhège gōngzuò.
3. 工作的时候(time)_____。
   Gōngzuò de shíhou.

最好的职业
1.
2.
3.

四、你来试试 Your Turn

熟读下面这段话，然后试着说说你自己。*Read the following paragraph well and then try to say about yourself.*

我叫李静，是大学生。我家有六口人，爷爷、奶奶、爸爸、妈妈、哥哥和我。爷爷和奶奶退休了，他们已经 already 60多岁了。爸爸在学校 school 工作，他是老师。妈妈在医院工作，她是护士。哥哥今年30岁，是职员 clerk，在电脑公司 company 工作。

Wǒ jiào Lǐ Jìng, shì dàxuéshēng. Wǒ jiā yǒu liù kǒu rén, yéye, nǎinai, bàba, māma, gēge hé wǒ. Yéye hé nǎinai tuìxiū le, tāmen yǐjīng liùshí duō suì le. Bàba zài xuéxiào gōngzuò, tā shì lǎoshī. Māma zài yīyuàn gōngzuò, tā shì hùshi. Gēge jīnnián sānshí suì, shì zhíyuán, zài diànnǎo gōngsī gōngzuò.

五、语音练习 Pronunciation Practice

1. 熟读下列词语。*Read the following words well.*

口	谁	帅	做
kǒu	shéi	shuāi	zuò

今年	工作	医院	演员
jīnnián	gōngzuò	yīyuàn	yǎnyuán

2. 声母练习。*Practice consonants.*

   ge-ke   zuo-zhuo   ku-gu   qing-jing

3. 韵母练习。*Practice vowels.*

   yuan-yan   shui-shei   yi-yu

4. 声调练习。*Practice tones.*

   jiě-jiè   nián-niàn   tuì-tuī

六、替换练习 Substitution

用表格右侧的词语替换句中画线的部分，并说出完整的句子。*Use the words on the right side to say several new and complete sentences.*

1. 我家有 五 口人。 Wǒ jiā yǒu wǔ kǒu rén.	三 sān	七 qī	四 sì	
2. 我没有 弟弟妹妹 ，有一个 姐姐 。 Wǒ méiyǒu dìdi mèimei, yǒu yí ge jiějie.	哥哥 gēge	姐姐 jiějie	弟弟 dìdi	妹妹 mèimei
3. 她 今年 29岁。 Tā jīnnián èrshíjiǔ suì.	去年 qùnián	明年 míngnián	后年 hòunián	
4. 奶奶以前是 演员 。 Nǎinai yǐqián shì yǎnyuán.	老师 lǎoshī	经理 manager jīnglǐ	医生 yīshēng	

七、提问 Ask Questions

请根据画线部分提问。*Ask questions to the parts underlined.*

> Example：我要一碗米饭。——你要什么？
> Wǒ yào yì wǎn mǐfàn. —— Nǐ yào shénme?

1. 他今年29岁。
   Tā jīnnián èrshíjiǔ suì.

2. 我家有五口人。
   Wǒ jiā yǒu wǔ kǒu rén.

3. 她在医院工作。
   Tā zài yīyuàn gōngzuò.

4. 他是厨师。
   Tā shì chúshī.

5. 这是我的爷爷奶奶。
   Zhè shì wǒ de yéye nǎinai.

八、看图说话 Talk About the Pictures

试着用汉语给同伴说说图片上的事情。*Talk about the pictures with a partner in Chinese.*

Word box

打针 dǎzhēn give an injection　输液 shūyè infuse　做饭 zuò fàn cook

厨房 chúfáng kitchen　　经理 jīnglǐ manager　秘书 mìshū secretary

①　　　　　　　　　②　　　　　　　　　③

九、课堂游戏 Games

猜猜他/她是谁。每个人在卡片上用最简单的方式画出自己的画像并用拼音写上自己的情况,如:性别、职业、爱好等,但不要写上名字。然后把所有的卡片放在一起,每人抽一张,猜一猜卡片上描绘的人是谁。*Guess who he/she is. Each student draws a simple self-portrait on a card and writes down such personal information as gender, occupation, hobbies and etc. with pinyin. The teacher collects and shuffles the cards. Each student draws a card randomly and guesses who the person is on the card.*

常用语句 | Useful Language

生活汉字 | Chinese Characters in Our Lives

宾馆
bīnguǎn
hotel

中国银行
Zhōngguó yínháng
Bank of China

你会游泳吗?

Nǐ huì yóuyǒng ma?

Can You Swim?

目标 **Objectives**

1 学习简单描述天气 *Learn the simple way to describe weather condition*

2 学习询问和说明爱好 *Learn to ask and describe hobbies*

准备 **Preparation**

● 今天天气怎么样? **What's the weather like today?**

① 冷 lěng cold

② 热 rè hot

● 他们喜欢干什么? **What do they like to do?**

① 爬山 pá shān climb a mountain

② 逛街 guàng jiē go shopping

生词 | New Words

1 游泳 swim yóuyǒng	2 爱好 hobby àihào	3 旅行 travel lǚxíng	4 听说 hear of tīngshuō
5 上星期 last week shàng xīngqī	6 商店 store, shop shāngdiàn	7 可……了 so, such kě…le	
8 最 most, best, least zuì	9 喜欢 like, love xǐhuan	10 逛街 go shopping, stroll on a street guàng jiē	
11 应该 should, ought to yīnggāi		12 那儿 there nàr	13 比较 comparatively, relatively bǐjiào
14 冷 cold lěng	15 天气 weather tiānqì	16 不错 not bad búcuò	17 咱们 we, us zánmen
18 爬山 climb a mountain pá shān		19 天气预报 weather forecast tiānqì yùbào	
20 说 say, speak shuō	21 雨 rain yǔ	22 下雨 rain xià yǔ	23 公园 park gōngyuán
24 怎么样 how zěnmeyàng	25 带（上） bring, take dài(shang)		26 雨伞 umbrella yǔsǎn
27 如果 if rúguǒ	28 回来 come back huí lai		

Proper Name

1 香港 Hong Kong Xiānggǎng	

◉ 从你学过的词语里选择合适的词与下面的词语搭配。**Use the proper words you've learnt to match the words below.**

喜欢 _____
xǐhuan

会 _____
huì

带 _____
dài

_____ 不错
búcuò

句子　**Sentences**

1. 你会游泳吗？ Can you swim?
   Nǐ huì yóuyǒng ma?

2. 你有什么爱好？ What are your hobbies?
   Nǐ yǒu shénme àihào?

3. 我最喜欢逛街了。I love shopping most.
   Wǒ zuì xǐhuan guàng jiē le.

4. 那儿比较热。It's hotter there.
   Nàr bǐjiào rè.

5. 今天不冷也不热。It's neither too cold nor too hot today.
   Jīntiān bù lěng yě bú rè.

6. 咱们去爬山吧。Let's go and climb a mountain.
   Zánmen qù pá shān ba.

7. 咱们去公园怎么样？How about going to a park?
   Zánmen qù gōngyuán zěnmenyàng?

8. 如果下大雨，咱们就回来。We will come back if there is a heavy rain.
   Rúguǒ xià dà yǔ, zánmen jiù huí lái.

○ 看看下面的图片，想一想他们可能说了什么。**Look at the pictures and think what they might say.**

对话 1　Dialog 1

英爱：　李静，你会游泳吗？
Yīng'ài:　Lǐ Jìng, nǐ huì yóuyǒng ma?

李静：　不会。
Lǐ Jìng:　Bú huì.

英爱：　你有什么爱好？
Yīng'ài:　Nǐ yǒu shénme àihào?

李静：　我喜欢旅行。
Lǐ Jìng:　Wǒ xǐhuan lǚxíng.

英爱：　听说你上星期去香港了？
Yīng'ài:　Tīngshuō nǐ shàng xīngqī qù Xiānggǎng le?

李静：　对，香港的商店可多了[1]。
Lǐ Jìng:　Duì, Xiānggǎng de shāngdiàn kě duō le.

英爱：　我最喜欢逛街了。
Yīng'ài:　Wǒ zuì xǐhuan guàngjiē le.

李静：　那你应该去香港。
Lǐ Jìng:　Nà nǐ yīnggāi qù Xiānggǎng.

英爱：　那儿[2]热吗？
Yīng'ài:　Nǎr rè ma?

李静：　比较热。
Lǐ Jìng:　Bǐjiào rè.

Yingai:　Li Jing, can you swim?
Li Jing:　No, I can't.
Yingai:　What are your hobbies?
Li Jing:　I like traveling.
Yingai:　I heard of that you went to Hong Kong last week?
Li Jing:　Yeah, there are so many shopping malls in Hong Kong.
Yingai:　I love shopping most.
Li Jing:　So you should go to Hong Kong.
Yingai:　Is it hot there?
Li Jing:　It's hotter.

1 In oral Chinese, 可……了 indicates a very high degree. E.g. 他的汉语可好了 means *his Chinese is rather good.*

2 那儿 indicates a location. E.g. 那儿 refers to 香港 in the sentence of 我去过香港，那儿很漂亮.

◎ 画线连接，组成对话。**Draw lines to complete the dialogs.**

1 你会游泳吗？
Nǐ huì yóuyǒng ma?

2 你有什么爱好？
Nǐ yǒu shénme àihào?

3 听说你上星期去香港了？
Tīngshuō nǐ shàng xīngqī qù Xiānggǎng le?

4 那儿热吗？
Nǎr rè ma?

a 对。香港的商店特别多。
Duì. Xiānggǎng de shāngdiàn tèbié duō.

b 比较热。
Bǐjiào rè.

c 我最喜欢逛街了。
Wǒ zuì xǐhuan guàng jiē le.

d 不会。
Bú huì.

对话2　Dialog 2

朱丽： 今天不冷也不热，真舒服！
Zhūlì： Jīntiān bù lěng yě bú rè, zhēn shūfu!

杰克： 是啊，天气不错。咱们去爬山吧。
Jiékè： Shì ā, tiānqì búcuò. Zánmen qù pá shān ba.

朱丽： 天气预报说有雨。
Zhūlì： Tiānqì yùbào shuō yǒu yǔ.

杰克： 是吗？那去公园怎么样？
Jiékè： Shì ma? Nà qù gōngyuán zěnmeyàng?

朱丽： 可以。咱们³带上雨伞。
Zhūlì： Kěyǐ. Zánmen dài shang yǔsǎn.

杰克： 好。如果下大雨，咱们就回来。
Jiékè： Hǎo. Rúguǒ xià dà yǔ, zánmen jiù huí lai.

朱丽： 行。
Zhūlì： Xíng.

Julie: It's neither too cold nor too hot today, and so comfortable.

Jack: Yeah, the weather is not bad. Let's go and climb a mountain.

Julie: Weather forecast said that it will rain.

Jack: Really? And how about going to a park?

Julie: OK. Let's take an umbrella.

Jack: Yeah. We will come back if there is a heavy rain.

Julie: OK.

3 Sometimes 我们 and 咱们 have the same meaning of *we, us*. 咱们 is used to include both the speaker and the person or persons spoken to while 我们 may refer to the speaker only or both the speaker and the person or persons spoken to.

Knowledge: Leisure activities in China

Before the Chinese people usually drank tea, watched TV, have a chat, play cards or mahjong with their family members or good friends after dinner. Nowadays, they are more and more particular about healthy life style. Youngsters choose to keep fit at gyms, while the elderly go to parks to dance, take a walk, play Taijiquan or etc.

On holidays the whole family traveling to somewhere gradually becomes a fashion. Some families drive their own cars, and some take planes or trains to beautiful resorts spending holidays. Traveling abroad is also not a new thing.

◉ 根据对话2回答问题。**Answer the questions according to Dialog 2.**

1. 今天天气怎么样？
   Jīntiān tiānqì zěnmeyàng?

2. 杰克想干什么？
   Jiékè xiǎng gàn shénme?

3. 他们能去吗？为什么？

   Tāmen néng qù ma? Wèi shénme?

4. 他们今天打算去哪儿？

   Tāmen jīntiān dǎsuàn qù nǎr?

5. 如果下雨，他们回来吗？

   Rúguǒ xià yǔ, tāmen huí lai ma?

○ 用杰克的口气复述一下对话2。**Retell the Dialog 2 in a tone of Jack.**

活动 Activities

一、看图学词语 Look and Learn Words

从词库里选择词语写在合适的图片下边。*Choose the proper words from the word box and write them under the related pictures.*

Word box

踢足球 tī zúqiú play football 　打篮球 dǎ lánqiú play basketball 　打网球 dǎ wǎngqiú play tennis

聊天儿 liáotiānr have a chat 　听音乐 tīng yīnyuè listen to music 　看书 kàn shū read a book

①　　　　　　　　②　　　　　　　　③

④　　　　　　　　⑤　　　　　　　　⑥

二、双人活动 Pair Work

先用拼音把自己的爱好填入表格中，然后询问你的同伴，看看你们有没有可以一起做的事情。*Fill your hobbies in the following table with Pinyin. Consult a partner and find whether you two have common hobbies.*

Jack	Li Jing	Yingai	You	Your partner	Your teacher
爬山 pá shān climb a mountain	旅行 lǚxíng travel	逛街 guàng jiē go shopping			
	唱歌 chàng gē sing songs				

Sentence patterns

1. 你喜欢……吗?
   Nǐ xǐhuan... ma?

2. 你会……吗?
   Nǐ huì... ma?

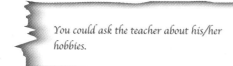

You could ask the teacher about his/her hobbies.

三、全班活动 Class Work

选择适合在每一种天气中做的活动，把每种活动用拼音填在表格中。然后在班里找一找可以和你一起玩儿的同学。*Choose activities from the following list and fill them into the blanks under each type of weather in Pinyin. And then find classmates who have the same hobbies.*

给老师的提示：
这一题您可以带着大家一起做，也可以让学生们自己通过询问来寻找可以一起玩儿的同伴。

Weather	晴天 qíngtiān	阴天 yīntiān	刮风 guāfēng	下雨 xiàyǔ	下雪 xiàxuě
Activity					

游泳 yóuyǒng	爬山 pá shān	睡觉 shuì jiào	照相 zhào xiàng	唱歌 chàng gē
打篮球 dǎ lánqiú	逛街 guàng jiē	看电视 kàn diànshì	上网 shàng wǎng	喝啤酒 hē píjiǔ

1. *Some activities can be carried out under several weather conditions.*
2. *You can follow the language patterns to ask questions to other classmates.*

A：Qíngtiān nǐ xǐhuan zuò shénme?

(What do you like to do on a sunny day?)

B：Qíngtiān wǒ xǐhuan … .

(I like to …… on a sunny day.)

四、你来试试 Your Turn

熟读下面这段话，然后试着说说你自己。*Read the following paragraph well and then try to say about yourself.*

杰克喜欢爬山。今天天气不错，不冷不热，杰克想去爬山。但是 but 天气预报说今天有雨，所以他们想带上雨伞去公园。如果下大雨，他们就回学校。

Jiékè xǐhuan pá shān. Jīntiān tiānqì búcuò, bù lěng bú rè, Jiékè xiǎng qù pá shān. Dànshì tiānqì yùbào shuō jīntiān yǒu yǔ, suǒyǐ tāmen xiǎng dài shang yǔsǎn qù gōngyuán. Rúguǒ xià dà yǔ, tāmen jiù huí xuéxiào.

五、语音练习 Pronunciation Practice

1. 熟读下列词语。*Read the following words well.*

热	最	说	爬	山
rè	zuì	shuō	pá	shān

天气	游泳	爱好	预报
tiānqì	yóuyǒng	àihào	yùbào

2. 声母练习。*Practice consonants.*

zui-zhui   re-le   xing-xin

3. 韵母练习。*Practice vowels.*

gang-gan   yong-ying   hui-hei

4. 声调练习。*Practice tones.*

tiān-tián   jiǎo-jiào   qǐ-qì

六、替换练习 Substitution

用表格右侧的词语替换句中画线的部分，并说出完整的句子。*Use the words on the right side to say several new and complete sentences.*

1. 我最喜欢 逛街 了。 Wǒ zuì xǐhuan guàng jiē le.	爬山 pá shān	旅行 lǚxíng	唱歌 chàng gē	打篮球 play basketball dǎ lánqiú
2. 听说你 去香港 了。 Tīngshuō nǐ qù Xiānggǎng le.	学汉语 xué Hànyǔ	回国 return to one's country huí guó		去医院 go to hospital qù yīyuàn
3. 香港的商店可 多 了。 Xiānggǎng de shāngdiàn kě duō le.	大 dà	好 hǎo	热闹 bustling rènao	

七、有问有答 Ask and Answer

请用肯定形式和否定形式回答下列问题。*Answer the following questions with affirmative and negative forms.*

1. 今天天气怎么样？
   Jīntiān tiānqì zěnmeyàng?

2. 今天热吗？
   Jīntiān rè ma?

3. 今天能爬山吗？
   Jīntiān néng pá shān ma?

4. 你会游泳吗？
   Nǐ huì yóuyǒng ma?

5. 你喜欢旅行吗？
   Nǐ xǐhuan lǚxíng ma?

请用"如果……就……"回答下列问题。*Answer the following questions with the pattern of* 如果……就……

1. 下午你去公园吗？（天气好）
   Xiàwǔ nǐ qù gōngyuán ma?

2. 明天你去上课吗？（头疼）
   Míngtiān nǐ qù shàng kè ma?

3. 星期天你想去爬山吗？（热）
   Xīngqītiān nǐ xiǎng qù pá shān ma?

4. 晚上你去吃饭吗？（饿 è hungry）
   Wǎnshang nǐ qù chī fàn ma?

八、看图说话 Talk About the Pictures

试着用汉语给同伴说说图片上的事情。*Talk about the pictures with a partner in Chinese.*

① ②

③ ④

九、课堂游戏 Games

词语接龙。请同学们从下面的卡片中选择合适的词语做连接词语的游戏。规则如下：词语里必须有一个字和上一个词语中的一个字相同。如：上课——上午——下午——中午——中国——……。*The word dragon. Please choose a proper word from the word card below to start the game. The rule is that someone says a word, and the next person chooses any one of the characters in it and uses it to make a new word. For example:* 上课——上午——下午——中午——中国——……。

英语　英国　中国　中午　下午　下车　公共汽车　一共
一天　天安门　门口　开门……

常用语句　Useful Language

没问题!
Méi wèntí!
No problem.

生活汉字　Chinese Characters in Our Lives

购物中心
gōuwù zhōngxīn
shopping mall

我想了解中国文化

Wǒ xiǎng liǎojiě Zhōngguó wénhuà

I Want to Know Chinese Culture

目标 Objectives

1 学会说明学汉语的情况 *Learn to describe your Chinese learning*
2 学会留地址和电话 *Learn to leave messages of address and telephone number*
3 学会简单的告别用语 *Learn the simple expressions of saying goodbye*

准备 Preparation

● 他们在干什么？ **What are they doing?**

听
tīng
listen

①

说
shuō
speak

②

读
dú
read

③

写
xiě
write

④

生词 New Words

1 多长 how long duō cháng	2 时间 time shí jiān	3 月 mouth yuè	4 为什么 why wèi shénme
5 了解 understand, know liǎojiě		6 文化 culture wénhuà	7 有意思 interesting yǒu yìsi
8 难 difficult, hard nán	9 口语 oral language kǒuyǔ		10 可是 but kěshì
11 听力 listening comprehension tīnglì		12 汉字 Chinese character Hànzì	13 没关系 it doesn't matter, méi guānxi never mind
14 听 listen, hear tīng	15 越来越 more and more yuè lái yuè		16 就要……了 be about to jiù yào … le
17 走 leave zǒu	18 留学 study abroad liúxué		19 常 often cháng
20 联系 contact liánxì	21 信 letter xìn	22 机会 chance, opportunity jīhuì	
23 玩儿 play wánr	24 祝 wish, hope zhù	25 一路平安 have a safe journey yílù píng'ān	

○ 从你学过的词语里选择合适的词与下面的词语搭配。Use the proper words you've learnt to match the words below.

越来越 _____
yuè lái yuè

听 _____
tīng

常 _____
cháng

认识 _____
rènshi

句子 Sentences

1. 我想了解中国文化。I want to know Chinese culture.

   Wǒ xiǎng liǎojiě Zhōngguó wénhuà.

2. 你学了多长时间了？How long have you learnt (Chinese)?

   Nǐ xué le duō cháng shí jiān le?

3. 学了三个多月了。I have learnt it for over three months.

   Xué le sān ge duō yuè le.

4. 汉语有意思吗？Is Chinese interesting?

   Hànyǔ yǒu yìsi ma?

5. 很有意思，不过有点儿难。(It's) very interesting, but a little difficult.

   Hěn yǒu yìsi, búguò yǒudiǎnr nán.

6. 下星期我就要走了。I'm about to leave next week.

   Xià xīngqī wǒ jiù yào zǒu le.

7. 我去香港留学。I'm going to study in Hong Kong.

   Wǒ qù Xiānggǎng liúxué.

8. 我们常联系吧。Let's keep in touch.

   Wǒmen cháng liánxì ba.

9. 这是我的email。This is my email address.

   Zhè shì wǒ de email.

10. 祝你一路平安！Hope you have a safe journey.

    Zhù nǐ yílù píng'ān!

○ 看看下面的图片，想一想他们可能说了什么。**Look at the pictures and think what they might say.**

① ② ③

对话 1　Dialog 1

王浩：　朱丽，你学汉语多长[1]时间了？
Wáng Hào：　Zhūlì, nǐ xué Hànyǔ duō cháng shíjiān le?

朱丽：　三个多月了。
Zhūlì：　Sān ge duō yuè le.

王浩：　你为什么学汉语？
Wáng Hào：　Nǐ wèi shénme xué Hànyǔ?

朱丽：　我想了解中国文化。
Zhūlì：　Wǒ xiǎng liǎojiě Zhōngguó wénhuà.

王浩：　汉语有意思吗？
Wáng Hào：　Hànyǔ yǒu yìsi ma?

朱丽：　很有意思，不过[2]有点儿难。
Zhūlì：　Hěn yǒu yìsi, búguò yǒudiǎnr nán.

王浩：　你口语不错。
Wáng Hào：　Nǐ kǒuyǔ búcuò.

朱丽：　可是听力不好，认识的汉字
Zhūlì：　Kěshì tīnglì bù hǎo, rènshi de Hànzì
也很少。
yě hěn shǎo.

王浩：　没关系，多听多说，一定
Wáng Hào：　Méi guānxi, duō tīng duō shuō,
会越来越好的。
yídìng huì yuè lái yuè hǎo de.

Wang Hao:	Julie, how long have you learnt Chinese?
Julie:	For over three months.
Wang Hao:	Why do you learn Chinese?
Julie:	I want to know Chinese culture.
Wang Hao:	Is Chinese interesting?
Julie:	Very interesting, but a little difficult.
Wang Hao:	Your oral Chinese is not bad.
Julie:	But my listening comprehension is poor, and I can recognize very few Chinese characters.
Wang Hao:	It doesn't matter. Listen more and speak more, and your Chinese will be better and better.

1 多+长/大 is used to ask an amount, an age and etc. 多长时间 is used to ask the length of time, and 多大 is used to ask an age or area.

2 不过 indicates a change in meaning, but it has a kindlier tone than 可是 and 但是.

◉ 根据对话1回答问题。 **Answer the questions according to Dialog 1.**

1. 朱丽学汉语多长时间了？
Zhūlì xué Hànyǔ duō cháng shíjiān le?

2. 她为什么学汉语？
Tā wèi shénme xué Hànyǔ?

3. 她觉得汉语有意思吗？
Tā juéde Hànyǔ yǒu yìsi ma?

4. 朱丽的口语和听力好吗？
Zhūlì de kǒuyǔ hé tīnglì hǎo ma?

对话2 | Dialog 2

英爱： 下星期我就要走了[3]。
Yīng'ài: Xià xīngqī wǒ jiù yào zǒu le.

李静： 你去哪儿？
Lǐ Jìng: Nǐ qù nǎr?

英爱： 去香港留学。
Yīng'ài: Qù Xiānggǎng liúxué.

李静： 哪天走？
Lǐ Jìng: Nǎ tiān zǒu?

英爱： 18号。
Yīng'ài: Shíbā hào.

李静： 我们常联系吧。
Lǐ Jìng: Wǒmen cháng liánxi ba.

英爱： 好的。这是我的email。
Yīng'ài: Hǎo de. Zhè shì wǒ de email.

李静： 我一定给你写信。
Lǐ Jìng: Wǒ yídìng gěi nǐ xiě xìn.

英爱： 有机会来香港玩儿吧！
Yīng'ài: Yǒu jīhuì lái Xiānggǎng wánr ba!

李静： 好的。祝[4]你一路平安！
Lǐ Jìng: Hǎo de. Zhù nǐ yílù píng'ān!

Yingai: I'm about to leave next week.
Li Jing: Where will you go?
Yingai: I'm going to study in Hong Kong.
Li Jing: Which day will you leave?
Yingai: The 18th.
Li Jing: Let's keep in touch.
Yingai: Alright. This is my email address.
Li Jing: I will write to you certainly.
Yingai: Come and visit Hong Kong whenever you have a chance.
Li Jing: OK. Hope you have a safe journey.

3 就要……了 means *be about to do sth.* e.g 他就要回国了，我就要结婚了 (I'm going to get married.)

4 祝你…… is a very common and useful language of expressing wishes. Chinese people often say 祝你工作顺利(I wish you a good work.), 祝你身体健康 (Hope you have a good health.) and etc.

Knowledge: Dumplings for farewells and noodles for greetings

Dumplings and noodles are always favorite food for Chinese, especially the northerners of China. There is a popular saying in China: "Dumplings for farewells and noodles for greetings," expressing a wish for a peaceful journey and a warm welcome. The Chinese usually cook dumplings for relatives and friends, who are leaving for other places, and treat the people returning home from afar to noodles.

○ 根据对话2选择合适的句子填空。**Fill in the blanks with proper sentences according to Dialog 2.**

你去哪儿? Nǐ qù nǎr?	
	我一定给你写信。 Wǒ yídìng gěi nǐ xiě xìn.
有机会来香港玩儿吧! Yǒu jīhuì lái Xiānggǎng wánr ba!	

○ 用李静的口气复述一下对话2。**Retell the Dialog 2 in a tone of Li Jing.**

活动 Activities

一、看图学词语 Look and Learn Words

从词库里选择词语写在合适的图片下边。*Choose the proper words from the word box and write them under the related pictures.*

Word box

旅游lǚyóu travel	工作gōngzuò work	找工作zhǎo gōngzuò look for a job
考试kǎoshì take an exam	有兴趣yǒu xìngqù be interested in	不知道bù zhīdào not know

①   ②   ③

④   ⑤   ⑥

二、小组活动 Group Work

三人一组，谈谈自己学汉语的情况。在谈之前，先利用下面的表格准备一下自己的情况。*Work in a group of 3 to discuss your level of Chinese learning. Before it, fill in the following table.*

Word box

很难 hěn nán very difficult　　不太难 bú tài nán not very difficult

不难 bù nán not difficult, easy

	You	Partner 1	Partner 2
为什么学汉语? Wèi shénme xué Hànyǔ?			
学了多长时间? Xué le duō cháng shíjiān?			
汉语难不难? Hànyǔ nán bu nán?			
听、说、读(read)、写(write)，什么最难? Tīng, shuō, dú, xiě, shénme zuì nán?			

Sentence patterns

1. 我学汉语是因为(because)……
   Wǒ xué Hànyǔ shì yīnwèi …

2. 我觉得汉语……
   Wǒ juéde Hànyǔ…

给老师的提示：
您可以先找一个学生问问他/她学外语的情况，给大家示范一下。

三、全班活动 Class Work

每个人给大家介绍一个同伴学习汉语的情况。*Each student introduces the Chinese learning of a partner.*

四、你来试试 Your Turn

熟读下面这段话，然后试着说说你自己。*Read the following paragraph well and then try to say about yourself.*

我下个星期就要去香港留学了。我听说香港是个好地方，商店很多。走 以前 before 我给李静我的email了，希望 hope 能常联系。李静说一定给我写信。

Wǒ xià ge xīngqī jiù yào qù Xiānggǎng liúxué le. Wǒ tīngshuō Xiānggǎng shì ge hǎo dìfang, shāngdiàn hěn duō. Zǒu yǐqián wǒ gěi Lǐ Jìng wǒ de email le, xīwàng néng cháng liánxì. Lǐ Jìng shuō yídìng gěi wǒ xiě xìn.

五、故事会 Story-Telling

每人从下面的题目中选一个，给大家讲讲自己的故事，说一说自己的感受。说完以后，大家给他/她提两个问题。*Each student chooses a topic telling a story and talking about his/her own feelings. The other students ask two questions to each story teller.*

Recall the relevant content in previous units and talk about yourself.

学汉语
xué Hànyǔ
studying Chinese

我的老师
wǒ de lǎoshī
my teacher

上课
shàng kè
attending class

买东西
mǎi dōngxi
buying things

吃饭
chī fàn
having a meal

问路
wèn lù
asking the directions

坐车
zuò chē
taking a bus

我的房间
wǒ de fángjiān
my room

打电话
dǎ diànhuà
making a telephone call

我的家庭
wǒ de jiātíng
my family

我的爱好
wǒ de àihào
my hobbies

我的朋友
wǒ de péngyou
my friend

六、语音练习 Pronunciation Practice

1. 熟读下列词语。*Read the following words well.*

难	听	快	常	祝
nán	tīng	kuài	cháng	zhù

了解	文化	时间	口语	特别
liǎojiě	wénhuà	shíjiān	kǒuyǔ	tèbié

2. 声母练习。*Practice consonants.*

te-de   zhu-zu   ting-ding

3. 韵母练习。*Practice vowels.*

yue-ye   hui-hai   lian-liang

4. 声调练习。*Practice tones.*

liǎo-liáo   nán-nàn   bié-biè   kě-kē

七、替换练习 Substitution

用表格右侧的词语替换句中画线的部分，并说出完整的句子。*Use the words on the right side to say several new and complete sentences.*

1. 祝你 一路平安。 Zhù nǐ yílù píng'ān.	学习好 xuéxí hǎo	身体好 shēntǐ hǎo	工作顺利 work smoothly gōngzuò shùnlì
2. 你 学 了多长时间了？ Nǐ xué le duō cháng shíjiān le?	说 shuō　　看 kàn	听 tīng	写 write xiě
3. 很有意思，不过有点儿 难。 Hěn yǒu yìsi, búguò yǒudiǎnr nán.	贵 guì	远 yuǎn	不方便 inconvenient bù fāngbiàn
4. 有机会 来香港玩儿 吧！ Yǒu jīhuì lái xiāng gǎng wánr ba!	去看京剧 qù kàn jīngjù		学英语 xué Yīngyǔ
5. 我就要 走 了。 Wǒ jiù yào zǒu le.	上课 shàng kè　回国 return to one's country huí guó		结婚 get married jiéhūn

八、完成句子 Complete the Sentences

用指定的口语格式完成下列句子。*Complete the sentences with the given oral language patterns.*

就要……了
jiù yào ... le

1. ＿＿＿＿＿＿＿＿＿＿＿＿，快点儿回去吧！（下雨）
   kuài diǎnr huí qu ba! (xià yǔ)

2. ＿＿＿＿＿＿＿＿＿＿＿＿，你不去教室吗？（上课）
   nǐ bú qù jiàoshì ma? (shàng kè)

3. 你不要吃苹果了，＿＿＿＿＿＿＿＿＿＿。（吃饭）
   Nǐ bú yào chī píngguǒ le, ＿＿＿＿＿＿ (chī fàn)

4. ＿＿＿＿＿＿＿＿＿＿＿，好好儿准备(prepare)吧。
   hǎohāor zhǔnbèi ba.

越来越……
yuè lái yuè ...

1. 夏天(summer)到了，＿＿＿＿＿＿＿＿＿＿。
   Xiàtiān　　dào le,

2. 我学汉语3个月了，会说的话 (words, sentences)＿＿＿＿＿＿＿＿＿＿。
   Wǒ xué Hànyǔ sān ge yuè le, huì shuō de huà

九、看图说话 Talk About the Pictures

试着用汉语给同伴说说图片上的事情。*Talk about the pictures with a partner in Chinese.*

Word box

京剧 jīngjù

功夫 gōngfu kung fu

地址 dìzhǐ address

中国结 Zhōngguójié Chinese knot

① ② ③ ④ ⑤

口语

听力

十、课堂游戏 Games

口耳相传。将全班同学分成两个组。老师悄悄告诉每个组的第一个同学一个电话号码或者一个地址，然后这个同学把自己听到的告诉下一个人，下一个再告诉后面的一个人。两个小组的最后一个人当众说出自己听到的号码或地址，看看哪个组说的和老师一开始说的一样。*Divide students into two groups. The teacher whispers a phone number or an address to the first student of each group, and he/she whispers to the next and so on. The last student of each group speaks out what he/she hears. Which group speaks the same as the teacher told in the beginning?*

常用语句　Useful Language

多保重!
Duō bǎozhòng!
Take care.

生活汉字　Chinese Characters in Our Lives

北京欢迎你!
Běijīng huānyíng nǐ!
Welcome to Beijing!

中国歌曲
Chinese Songs

达坂城的姑娘
dābǎnchéng de gūniang
a girl in Daban City

达 坂 城 的 石 路 硬 又 硬 啊, 西 瓜 大 又 甜 啊,
dābǎnchéng de shílù yìng yòu yìng a xīguā dà yòu tián a

Daban City's stone roads are hard and even, so big and sweet are its watermelons,

达 坂 城 的 姑 娘 辫 子 长 啊, 两 个 眼 睛 真 漂 亮,
dābǎnchéng de gūniang biàn zi cháng a liǎng ge yǎnjing zhēn piàoliang

In the city lives a girl with long braids, and her eyes are charming and bright,

你 要 想 嫁 人, 不 要 嫁 给 别 人, 一 定 要 嫁 给 我,
nǐ yào xiǎng jià rén bú yào jià gěi bié rén yí dìng yào jià gěi wǒ

If you are to marry, do not marry others, be sure and marry me,

带 着 你 的 嫁 妆, 唱 着 你 的 歌 儿, 赶 着 那 马 车 来。
dài zhe nǐ de jiàzhuang chàng zhe nǐ de gē ér gǎn zhe nà mǎ chē lái

Carry your dowries, sing your songs, come in the carriage to me.

老鼠爱大米

lǎoshǔ ài dàmǐ

the mouse love the rice

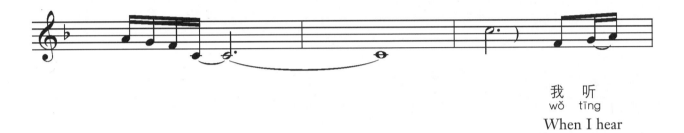

我　听
wǒ　tīng
When I hear

见你的声　音，有种　特别　的感觉，让　我　不断　想　不
jiàn nǐ de shēngyīn yǒu zhǒng tiēbié de gǎnjué ràng wǒ bú duàn xiǎng bù

your voice　　　I have some special feelings　which let me always think I don't wanna

敢再忘记　你。我记　得有一个人，永远　留在我心　中，哪怕
gǎn zài wàngjì nǐ wǒ jì de yǒu yí ge rén yǒngyuǎn liú zài wǒ xīn zhōng nǎ pà

forget you.　　　I remember a person　　who is always on my mind,　even though

只能够这　样地　想　你。如果　真的有　一　天爱情
zhǐ néng guò zhē yàng de xiǎng nǐ. rúguǒ zhēn de yǒu yì tiān àiqíng

I just think of you in this way.　　　If one day in the future　　this love will

159

理想会实 现，我会加倍努 力 好好对你，永远不改 变。不管
lǐxiǎng huì shí xiàn wǒ huì jiā bèi nǔ lì hǎo hǎo duì nǐ yǒngyuǎn bù gǎi biàn bù guǎn

come true I've never change my mind that I will love you forever. I don't

路有多么 远，一定 会让它实 现。我会轻轻在你 耳边对你
lù yǒu duō me yuǎn yí dìng huì ràng tā shí xiàn wǒ huì qīngqīng zài nǐ ěr biān duì nǐ

care how long the road is, I will let my dream come true. I will whisper in your ear and let you

说 对你 说。我爱 你爱着你 就像
shuō duì nǐ shuō wǒ ài nǐ ài zhe nǐ jiù xiàng

know, let you know. I love you, loving you, as the mouse

老鼠爱大 米。不管有多少 风 雨，我都会依然 陪着 你。我想
lǎoshǔ ài dà mǐ bù guǎn yǒu duōshao fēng yǔ wǒ dōu huì yī rán péi zhe nǐ wǒ xiǎng

love the rice. Even every day has storm, I will always be your side. I miss

你想着你，不管有多么 的 苦。只要 能让你 开 心，我什么都
nǐ xiǎng zhe nǐ bù guǎn yǒu duōme de kǔ zhǐ yào néng ràng nǐ kāi xīn wǒ shénme dōu

you, missing you, I don't care how hard it is. I just want you to be happy, everything,

愿 意，这样 爱 你。
yuàn yì zhè yàng ài nǐ

I do it for you.

160

词 类 简 称 表
Abbreviations of Word Classes

Abbreviation	Word Classes in English	Word Classes in Chinese	Word Classes in Pinyin
n	noun	名词	míngcí
pn	proper noun	专有名词	zhuānyǒu míngcí
v	verb	动词	dòngcí
mv	model verb	能愿动词	néngyuàn dòngcí
a	adjective	形容词	xíngróngcí
pron	pronoun	代词	dàicí
num	numeral	数词	shùcí
m	measure word	量词	liàngcí
adv	adverb	副词	fùcí
prep	preposition	介词	jiècí
conj	conjunction	连词	liáncí
pt	particle	助词	zhùcí
int	interjection	叹词	tàncí

词 语 表
Vocabulary Index

1

你	pron	nǐ	you
好	a	hǎo	good, well
是	v	shì	be
哪	pron	nǎ	which
国	n	guó	country, nation
人	n	rén	person
我	pron	wǒ	I, me
叫	v	jiào	call
什么	pron	shénme	what
名字	n	míngzi	name
呢	pt	ne	a modal particle indicating a question
这	pron	zhè	this
的	pt	de	a structural particle
朋友	n	péngyou	friend
很	adv	hěn	very

词语表

高兴	*a*	gāoxìng	glad
认识	*v*	rènshi	know
您	*pron*	nín	respectful form of "你"
贵姓	*n*	guìxìng	what is your surname (a respectful form of asking one's surname)
姓	*v*	xìng	one's surname is
美国	*pn*	Měiguó	U. S. A
朱丽	*pn*	Zhūlì	Julie, a personal name
王浩	*pn*	Wáng Hào	Wang Hao, a personal name
杰克	*pn*	Jiékè	Jack, a personal name
王	*pn*	Wáng	Wang, a surname
* 他	*pron*	tā	he, him
* 她	*pron*	tā	she, her
* 他们	*pron*	tāmen	they, them
* 你们	*pron*	nǐmen	you (pl.)
* 我们	*pron*	wǒmen	we, us
* 也	*adv*	yě	also
* 韩国	*pn*	Hánguó	R.O. Korea
* 日本	*pn*	Rìběn	Japan
* 泰国	*pn*	Tàiguó	Thailand
* 几	*pron*	jǐ	how many, several
* 个	*adv*	gè	a measure word
* 一	*num*	yī	one
* 二	*num*	èr	two
* 三	*num*	sān	three
* 四	*num*	sì	four
* 五	*num*	wǔ	five
* 六	*num*	liù	six
* 七	*num*	qī	seven
* 八	*num*	bā	eight
* 九	*num*	jiǔ	nine
* 十	*num*	shí	ten

2

老师	*n*	lǎoshī	teacher
吗	*pt*	ma	an interrogative particle
不	*adv*	bù	no, not
学生	*n*	xuésheng	student
住	*v*	zhù	live

哪儿	*pron*	nǎr	where
八	*num*	bā	eight
号	*n & m*	hào	number
楼	*n*	lóu	building
房间	*n*	fángjiān	room
留学生	*n*	liúxuéshēng	a student who studies abroad
学	*v*	xué	learn, study
汉语	*n*	Hànyǔ	Chinese (language)
有	*v*	yǒu	have
一	*num*	yī	one
个	*m*	gè	a measure word
他	*pron*	tā	he, him
英爱	*pn*	Yīng'ài	Yingai, a personal name
中国	*pn*	Zhōngguó	China
韩国	*pn*	Hánguó	R.O. Korea
* 公寓	*n*	gōngyù	apartment building
* 宾馆	*n*	bīnguǎn	hotel
* 单元	*n*	dānyuán	entrance
* 在	*prep*	zài	indicating where a person or a thing is
* 饭店	*n*	fàndiàn	hotel
* 经济	*n*	jīngjì	economics
* 本子	*n*	běnzi	notebook
* 教授	*n*	jiàoshòu	professor
* 职员	*n*	zhíyuán	clerk
* 十一	*num*	shíyī	eleven
* 十二	*num*	shí'èr	twelve
* 十三	*num*	shísān	thirteen
* 十四	*num*	shísì	fourteen
* 十五	*num*	shíwǔ	fifteen
* 十六	*num*	shíliù	sixteen
* 十七	*num*	shíqī	seventeen
* 十八	*num*	shíbā	eighteen
* 十九	*num*	shíjiǔ	nineteen
* 二十	*num*	èrshí	twenty
* 九十	*num*	jiǔshí	ninety
* 一百	*num*	yìbǎi	hundred

3

| 现在 | *n* | xiànzài | now |

几	*pron*	jǐ	how many, several
点	*n & m*	diǎn	o'clock
七	*num*	qī	seven
半	*num*	bàn	half
你们	*pron*	nǐmen	you (pl.)
每天	*n*	měitiān	everyday
上	*v*	shàng	start work or study at a fixed time
课	*n*	kè	class
上课	*v*	shàng kè	attend class
明天	*n*	míngtiān	tomorrow
周末	*n*	zhōumò	weekend
起床	*v*	qǐ chuáng	get up
早上	*n*	zǎoshang	morning
晚上	*n*	wǎnshang	evening
十二	*num*	shí'èr	twelve
睡觉	*v*	shuì jiào	sleep
中午	*n*	zhōngwǔ	noon
休息	*v*	xiūxi	take a rest
睡	*v*	shuì	sleep
一会儿	*adv & m*	yíhuìr	a little while
下午	*n*	xiàwǔ	afternoon
两	*num*	liǎng	two
节	*n*	jié	a measure word for classes
* 洗澡	*v*	xǐ zǎo	take a shower
* 吃饭	*v*	chī fàn	have a meal
* 上课	*v*	shàng kè	attemd class
* 日期	*n*	rìqī	date
* 星期	*n*	xīnqī	week
* 星期一	*n*	xīnqīyī	Monday
* 星期二	*n*	xīnqī'èr	Tuesday
* 星期三	*n*	xīnqīsān	Wednesday
* 星期四	*n*	xīnqīsì	Thursday
* 星期五	*n*	xīnqīwǔ	Friday
* 星期六	*n*	xīnqīliù	Saturday
* 星期天	*n*	xīnqītiān	Sunday
* 昨天	*n*	zuótiān	yesterday
* 晚饭	*n*	wǎn fàn	dinner
* 网吧	*n*	wǎngbā	net café
* 上班	*v*	shàng bān	go to work
* 谁	*pron*	shéi	who, whom

4

售货员	*n*	shōuhuòyuán	shop assistant
买	*v*	mǎi	buy
三	*num*	sān	three
块	*n*	kuài	kuai, fractional Renminbi unit that equals yuan
二	*num*	èr	two
那	*pron*	nà	that, those
那个	*pron*	nàge	that
多少	*pron*	duōshao	how many, how much
钱	*n*	qián	money
五	*num*	wǔ	five
要	*v*	yào	want
拿	*v*	ná	take
方便面	*n*	fāngbiànmiàn	instant noodle
还	*adv*	hái	still
啤酒	*num*	píjiǔ	beer
瓶	*m*	píng	a measure word for bottles
一共	*adv*	yígòng	altogether
九	*num*	jiǔ	nine
零钱	*n*	língqián	money of small denominations
没有	*v & adv*	méiyǒu	no, not
毛	*m*	máo	mao, fractional Renminbi unit that equals jiao or 0.1 yuan or 10 fen
谢谢	*v*	xièxie	thank
* 葡萄	*n*	pútáo	grape
* 橘子	*n*	júzi	orange
* 面包	*n*	miànbāo	bread
* 汉堡包	*n*	hànbǎobāo	hamburger
* 橙汁	*n*	chéngzhī	orange juice
* 可乐	*n*	kělè	coke
* 矿泉水	*n*	kuàngquánshuǐ	mineral water
* 牛奶	*n*	niúnǎi	milk
* 苹果	*n*	píngguǒ	apple
* 贵	*a*	guì	expensive
* 便宜	*a*	piányi	cheap
* 了	*pt*	le	a modal particle used to indicate the completion of an action
* 电话卡	*n*	diànhuà kǎ	phone card

* 张	*n*	zhāng	a measure word for paper, paintings, leather, eto.
* 西瓜	*n*	xīguā	watermelon
* 斤	*m*	jīn	jin, unit of weight

5

师傅	*n*	shīfu	a respectful form of address for a skilled worker
苹果	*n*	píngguǒ	apple
怎么	*pron*	zěnme	how
卖	*v*	mài	sell
摊主	*n*	tānzhǔ	stand owner
斤	*m*	jīn	unit of weight, equal to 500g
便宜	*a*	piányi	cheap
一点儿	*m*	yìdiǎnr	a little
吧	*pt*	ba	a modal particle
行	*v*	xíng	OK
小	*a*	xiǎo	small
来	*v*	lái	do, buy, take
件	*m*	jiàn	a measure word for individual matters or things
衣服	*n*	yīfu	clothes
真	*adv*	zhēn	really
漂亮	*a*	piàoliang	pretty
旗袍	*n*	qípáo	cheongsam
六	*num*	liù	six
百	*num*	bǎi	hundred
可以	*v*	kěyǐ	OK
试	*v*	shì	try
颜色	*n*	yánsè	color
红	*u*	hóng	red
太	*adv*	tài	too
了	*pt*	le	a modal particle used to indicate the completion of an action
大	*a*	dà	large
大号	*a*	dà hào	large size
小票	*n*	xiǎopiào	purchase voucher
收款台	*n*	shōu kuǎn tái	cashier's desk
在	*prep*	zài	at, in
* 红色	*a & n*	hóngsè	red
* 绿色	*a & n*	lǜ sè	green

* 黄色	*a & n*	huáng sè	yellow
* 白色	*a & n*	bái sè	white
* 黑色	*a & n*	hēi sè	blank
* 蓝色	*a & n*	lán sè	blue
* 灰色	*a & n*	huī sè	grey
* 咖啡色	*n*	kāfēi sè	coffee
* 粉色		fěn sè	pink
* 米色		mǐ sè	beige, cream-colored
* 深	*a*	shēn	dark
* 浅	*a*	qiǎn	light
* 条	*m*	tiáo	a measure word for long and thin things
* 杯子	*n*	bēizi	cup
* 裤子	*n*	kùzi	trousers
* 酸	*a*	suān	sour
* 甜	*a*	tián	sweet
* 长	*a*	cháng	long
* 短	*a*	duǎn	short
* T恤衫	*n*	T-xù shān	T-shirt
* 牛仔裤	*a*	niúzǎikù	jeans
* 想	*v*	xiǎng	want
* 但是	*conj*	dànshì	but
* 又	*adv*	yòu	again
* 香蕉	*n*	xiāngjiāo	banana
* 便宜点儿	*v*	piányi diǎnr	a little cheaper
* 肥	*a*	féi	loose
* 瘦	*a*	shòu	tight

6

服务员	*n*	fúwùyuán	waiter/waitress
吃	*v*	chī	eat
红烧	*v*	hóngshāo	braise sth. in brown sauce
牛肉	*n*	niú ròu	beef
再	*adv*	zài	again
炒	*v*	chǎo	sauté, stir-fry
白菜	*n*	báicài	cabbage
主食	*n*	zhǔshí	staple food
碗	*n & m*	wǎn	bowl
米饭	*n*	mǐfàn	rice
茄子	*n*	qiézi	eggplant

土豆	n	tǔdòu	potato
丝	n	sī	shred
和	conj	hé	and
面条	n	miàntiáo	noodle
蛋	n	dàn	egg
饭	n	fàn	rice
别的		bié de	other
红烧牛肉		hóngshāo niú ròu	braised beef in brown sauce
炒白菜		chǎo báicài	sautéed cabbage
红烧茄子		hóngshāo qiézi	braised eggplant in brown sauce
土豆丝		tǔdòusī	sautéed shredded potato
蛋炒饭		dàn chǎo fàn	fried rice with egg
* 红烧鱼		hóngshāo yú	braised fish in brown sauce
* 麻婆豆腐		mápó dòufu	mapo tofu
* 鸡蛋炒西红柿		jīdàn chǎo xīhóngshì	scrambled eggs with tomato
* 饺子	n	jiǎozi	dumplings
* 包子	n	bāozi	steamed stuffed buns
* 汤	n	tāng	soup
* 一起	n	yìqǐ	together
* 饭馆儿	n	fànguǎnr	restaurant
* 素菜	n	sùcài	vegetarian food
* 饮料	n	yǐnliào	beverage
* 勺子	n	sháozi	spoon
* 茶	n	chá	tea

7

糖	n	táng	sugar
醋	n	cù	vinegar
鱼	n	yú	fish
味儿	n	wèir	taste
又……又……		yòu … yòu …	both…and…
甜	a	tián	sweet
酸	a	suān	sour
豆腐	n	dòufu	tofu
过	pt	guò	used after a verb to indicate the completion of an action
辣	a	là	spicy
那（就）	conj	nà (jiù)	then, in that case
就	adv	jiù	in that case, then

好吃	a	hǎo chī	delicious
只	m	zhī	a measure word
请	v	qǐng	please
放	v	fàng	put
味精	n	wèijīng	monosodium glutamate
少	a	shǎo	little, less
盐	n	yán	salt
好的		hǎo de	alright
位	m	wèi	a measure word for people
酒水单		jiǔshuǐ dān	a drink list
喝	v	hē	drink
杯	m	bēi	a measure word for cups
茶	n	chá	tea
矿泉水	n	kuàngquánshuǐ	mineral water
先生	n	xiānsheng	mister
凉	a	liáng	cool, iced
等	v	děng	wait
一下		yíxià	a while
糖醋鱼		tángcùyú	fish braised in sweet and sour sauce
麻婆豆腐		mápó dòufu	mapo tofu (sautéed tofu in hot and spicy sauce)
烤鸭		kǎoyā	roast duck
* 水果	n	shuǐguǒ	fruit
* 菜	n	cài	vegetable
* 肉	n	ròu	meat
* 鸡肉	n	jī ròu	chicken
* 猪肉	n	zhū ròu	pork
* 羊肉	n	yáng ròu	mutton
* 爱	v	ài	like
* 告诉	v	gàosu	tell
* 辣椒	n	làjiāo	chili pepper
* 香菜	n	xiāngcài	coriander
* 水	n	shuǐ	water
* 喝	n	hē	drink
* 看	n	kàn	look, see
* 咸	a	xián	salty
* 高	a	gāo	tall
* 瘦	a	shuò	thin, tight

词语表

* 新鲜	*a*	xīnxiān	fresh

8

请问	*v*	qǐngwèn	excuse me, may I ask
银行	*n*	yínháng	bank
行人	*n*	xíngrén	passerby
邮局	*n*	yóujú	post office
旁边	*n*	pángbiān	next to, beside
左	*n*	zuǒ	the left
左边	*n*	zuǒbian	the left side
还是	*conj*	háishi	or
右	*n*	yòu	the right
右边	*n*	yòubian	the right side
附近	*n*	fùjìn	nearby
有	*v*	yǒu	have, there be
超市	*n*	chāoshì	supermarket
都	*adv*	dōu	all
去	*v*	qù	go
走	*v*	zǒu	walk
出	*prep*	chū	proceed from inside to outside
大门	*n*	dàmén	gate
往	*prep*	wǎng	toward
前	*n*	qián	front
然后	*adv*	ránhòu	then
先	*adv*	xiān	first
米	*m*	mǐ	meter
拐	*v*	guǎi	turn
远	*a*	yuǎn	far
李静	*pn*	Lǐ Jìng	Li Jing, a personal name
* 后边	*n*	hòubian	behind
* 上边	*n*	shàngbian	above, over
* 下边	*n*	xiàbian	below, under
* 旁边	*n*	pángbiān	next to, beside
* 中间	*n*	zhōngjiān	between, among
对面	*n*	duìmiàn	opposite
* 咖啡馆儿	*n*	kāfēi guǎnr	coffee shop
* 书店	*n*	shū diàn	book store
* 洗手间	*n*	xǐshǒujiān	restroom
* 买东西		mǎi dōngxi	go shopping

* 知道	*v*	zhīdào	know
* 书包	*n*	shūbāo	schoolbag
* 商店	*n*	shāngdiàn	store, shopping mall
* 电梯	*n*	diàntī	elevator
* 花店	*n*	huā diàn	flower store

9

司机	*n*	sījī	driver
去	*v*	qù	go
大使馆	*n*	dàshǐ guǎn	embassy
到	*v*	dào	get to
看	*v*	kàn	look
前边	*v*	qiánbian	front
停	*v*	tíng	stop
给	*v*	gěi	give
机场	*n*	jīchǎng	airport
地铁	*n*	dìtiě	subway
售票员	*n*	shōupiàoyuán	conductor
换	*v*	huàn	change
下(一站)	*n*	xià (yí zhàn)	next (station)
站	*n*	zhàn	station
坐	*v*	zuò	sit, take
公共汽车	*n*	gōnggòng qìchē	bus
不过	*conj*	búguò	but
巴士	*n*	bāshì	bus
更	*adv*	gèng	more, even more
方便	*a*	fāngbiàn	convenient
多	*a*	duō	many, much
地方	*n*	dìfang	place
* 打车	*v*	dǎ chē	take a taxi
* 开车	*v*	kāi chē	drive a car
* 走路	*v*	zǒu lù	walk
* 骑自行车	*v*	qí zìxíngchē	ride a bicycle
* 坐车	*v*	zuò chē	take a bus
* 下一次		xià yí cì	next time
* 北京大学	*pn*	Běijīng Dàxué	Peking University
* 教学楼	*n*	jiàoxué lóu	teaching building
* 上海饭店	*pn*	Shànghǎi Fàndiàn	Shanghai Hotel
* 这一站	*n*	zhè yí zhàn	this station

* 火车站	*n*	huǒchē zhàn	railway station

10

喂	*int*	wèi	hello
服务台	*n*	fúwù tái	service desk
事儿	*n*	shìr	matter
马桶	*n*	mǎtǒng	toilet
坏	*a*	huài	go bad, doesn't
我们	*pron*	wǒmen	we, us
马上	*adv*	mǎshàng	right away work
来	*v*	lái	come
空调	*n*	kōngtiáo	air-conditioner
也	*adv*	yě	also, too
问题	*n*	wèntí	problem, question
热	*a*	rè	hot
知道	*v*	zhīdào	know
打扫	*v*	dǎsǎo	clean
不用了		bú yòng le	not necessary, don't bother about it
会	*v*	huì	be able to do sth. (esp. sth learnt)
修	*v*	xiū	repair
电脑	*n*	diànnǎo	computer
帮	*v*	bāng	help
能	*v*	néng	can
上网	*v*	shàng wǎng	surf on the Internet
可能	*adv*	kěnéng	possibly
病毒	*n*	bìngdú	computer virus
* 电视	*n*	diànshì	television
* 电话	*n*	diànhuà	telephone
* 台灯	*n*	táidēng	desk lamp
* 洗衣机	*n*	xǐyījī	washing machine
* 柜子	*n*	guìzi	closet
* 床	*n*	chuáng	bed
* 桌子	*n*	zhuōzi	desk
* 椅子	*n*	yǐzi	chair
* 手机	*n*	shǒujī	mobile phone
* 门	*n*	mén	door
* 灯	*n*	dēng	lamp

11

舒服	a	shūfu	comfortable
感冒	v	gǎnmào	catch a cold
头	n	tóu	head
疼	a	téng	ache
嗓子	n	sǎngzi	throat
药	n	yào	medicine
请假	v	qǐng jià	ask for a leave
好好儿	adv	hǎohāor	to one's heart's content
医生	n	yīshēng	doctor
肚子	n	dùzi	stomach
拉肚子		lā dùzi	suffer from diarrhea
吐	v	tù	vomit
但是	conj	dànshì	but
觉得	v	juéde	feel
恶心	a	ěxin	sick
昨天	n	zuótiān	yesterday
东西	n	dōngxi	thing, stuff
开	v	kāi	prescribe (some medicine)
*头发	n	tóufa	hair
*鼻子	n	bízi	nose
*眼睛	n	yǎnjing	eye
*眉毛	n	méimao	eyebrow
*耳朵	n	ěrduo	ear
*嘴	n	zuǐ	mouth
*牙	n	yá	teeth
*腿	n	tuǐ	leg
*脚	n	jiǎo	foot
*胳膊	n	gēbo	arm
*手	n	shǒu	hand
*流鼻涕		liú bítì	have a running nose
*打喷嚏		dǎ pēntì	sneeze
*医院	n	yīyuàn	hospital
*大夫	n	dàfu	doctor
*情况	n	qíngkuàng	hospital
*开门	v	kāi mén	open a door
*病	n	bìng	being ill
*玩儿	v	wánr	play

词语表

* 去公司		qù gōngsī	go to one's company

12

空儿	*n*	kòngr	free time
京剧	*n*	jīngjù	Beijing opera
和	*prep*	hé	and, with
一起	*adv*	yìqǐ	together
当然	*adv*	dāngrán	of course
见面	*v*	jiànmiàn	meet
一楼		yī lóu	ground floor
大厅	*n*	dàtīng	hall
一定	*adv*	yídìng	surely, certainly
准时	*adv*	zhǔnshí	on time
打算	*v*	dǎsuàn	plan
干	*v*	gàn	do
睡懒觉		shuì lǎnjiào	sleep in
卡拉OK		kǎlā OK	karaoke
啊	*int*	ā	an interjection
好久	*a*	hǎojiǔ	a long time
唱歌	*v*	chàng gē	sing (songs)
叫（上）	*v*	jiào(shang)	call, ask
告诉	*v*	gàosu	tell
给	*prep*	gěi	to, toward
打	*v*	dǎ	make (a phone call)
电话	*n*	diànhuà	telephone
* 喝酒		hē jiǔ	drink wine
* 喝咖啡		hē kāfēi	drink coffee
* 看电影		kàn diànyǐng	see a movie
* 散步	*v*	sànbù	take a walk
* 累	*a*	lèi	tired
* 妈妈	*n*	māma	mother
* 逛街	*v*	guàng jiē	stroll on a street, go shopping
* 下周	*n*	xià zhōu	next week

13

家	*n*	jiā	family
口	*m*	kǒu	a measure word
哥哥	*n*	gēge	elder brother

姐姐	*n*	jiějie	elder sister
弟弟	*n*	dìdi	younger brother
妹妹	*n*	mèimei	younger sister
今年	*n*	jīnnián	this year
多大		duō dà	how old
工作	*v*	gōngzuò	work
医院	*n*	yīyuàn	hospital
护士	*n*	hùshi	nurse
他们	*pron*	tāmen	they
谁	*pron*	shéi	who
爷爷	*n*	yéye	grandfather
奶奶	*n*	nǎinai	grandmother
帅	*a*	shuài	handsome
以前	*n*	yǐqián	before, ago
演员	*n*	yǎnyuán	actor/actress
退休	*v*	tuìxiū	retire
做	*v*	zuò	do
厨师	*n*	chúshī	chef
辛苦	*a*	xīnkǔ	hard, laborious
对	*a*	duì	correct, right
* 职员	*n*	zhíyuán	clerk
* 主妇	*n*	zhǔfù	housewife
* 有意思	*a*	yǒu yìsi	interesting
* 开心	*v*	kāixīn	glad, happy
* 时候	*n*	shíhou	time
* 已经	*adv*	yǐjīng	already
* 学校	*n*	xuéxiào	school
* 公司	*n*	gōngsī	company
* 经理	*n*	jīnglǐ	manager

14

游泳	*v*	yóuyǒng	swim
爱好	*n*	àihào	hobby
旅行	*v*	lǚxíng	travel
听说	*v*	tīngshuō	hear of
上星期		shàng xīngqī	last week
商店	*n*	shāngdiàn	store, shop
可……了		kě...le	so, such
最	*adv*	zuì	most, best, least

175

喜欢	v	xǐhuan	like, love
逛街	v	guàng jiē	go shopping, stroll on a street
应该	mv	yīnggāi	should, ought to
那儿	n	nàr	there
比较	adv	bǐjiào	comparatively, relatively
冷	a	lěng	cold
天气	n	tiānqì	weather
不错	a	búcuò	not bad
咱们	pron	zánmen	we, us
爬山	v	pá shān	climb a mountain
天气预报	n	tiānqì yùbào	weather forecast
说	v	shuō	say, speak
雨	n	yǔ	rain
下雨	v	xià yǔ	rain
公园	n	gōngyuán	park
怎么样	pron	zěnmeyàng	how
带（上）	v	dài(shang)	bring, take
雨伞	n	yǔsǎn	umbrella
如果	conj	rúguǒ	if
回来	v	huí lai	come back
香港	pn	Xiānggǎng	Hong Kong
*踢足球	v	tī zúqiú	play football
*打篮球	v	dǎ lánqiú	play basketball
*打网球	v	dǎ wǎngqiú	play tennis
*聊天儿	v	liáotiānr	have a chat
*听音乐	v	tīng yīnyuè	listen to music
*看书	v	kàn shū	read a book
*回国	v	huí guó	return to one's country
*热闹	a	rènao	bustling
*饿	a	è	hungry

15

多长		duō cháng	how long
时间	n	shíjiān	time
月	n	yuè	mouth
为什么		wèi shénme	why
了解	v	liǎojiě	understand, know
文化	n	wénhuà	culture
有意思	a	yǒu yìsi	interesting

难	*a*	nán	difficult, hard
口语	*n*	kǒuyǔ	oral language
可是	*conj*	kěshì	but
听力	*n*	tīnglì	listening comprehension
汉字	*n*	Hànzì	Chinese character
没关系		méi guānxi	it doesn't matter, never mind
听	*v*	tīng	listen, hear
越来越		yuè lái yuè	more and more
就要……了		jiù yào … le	be about to
走	*v*	zǒu	leave
留学	*v*	liúxué	study abroad
常	*adv*	cháng	often
联系	*v*	liánxì	contact
信	*n*	xìn	letter
机会	*n*	jīhuì	chance, opportunity
玩儿	*v*	wánr	play
祝	*v*	zhù	wish, hope
一路平安		yílù píng'ān	have a safe journey
* 旅游	*v*	lǚyóu	travel
* 找(工作)	*v*	zhǎo (gōngzuò)	look for (a job)
* 考试	*v*	kǎoshì	take an exam
* 有兴趣	*n*	yǒu xìngqù	be interested in
* 读	*v*	dú	read
* 写	*v*	xiě	write
* 因为	*conj*	yīnwèi	because
* 以前	*n*	yǐqián	before
* 希望	*v*	xīwàng	hope
* 工作顺利		gōngzuò shùnlì	work smoothly
* 结婚	*v*	jiéhūn	get married
* 准备	*v & n*	zhǔnbèi	prepare
* 夏天	*n*	xiàtiān	summer
* 话	*n*	huà	words, sentences

课 堂 用 语
Classroom Expressions

1. 现在上课。**It is time for class now.**
   Xiànzài shàng kè.

2. 休息休息。**Let's have a break now.**
   Xiūxi xiūxi.

3. 下课。**Class is over.**
   Xià kè.

4. 打开书，翻到第___页。**Open your textbook, turn to page...**
   Dǎkāi shū, fān dào dì___yè.

5. 请跟我念。**Read after me please.**
   Qǐng gēn wǒ niàn.

6. 合上书。**Close the book.**
   Hé shàng shū.

7. 大点儿声。**Read aloud.**
   Dà diǎnr shēng.

8. 请再说一遍。**Please say it again.**
   Qǐng zài shuō yí biàn.

9. 请你读一遍。**Please read it.**
   Qǐng nǐ dú yí biàn.

10. 请你回答。**Please answer the question.**
    Qǐng nǐ huí dá.

11. 请看黑板。**Look at the blackboard please.**
    Qǐng kàn hēibǎn.

12. 对了。**It is correct.**
    Duì le.

13. 错了。**It is wrong.**
    Cuò le.

14. 很好。**Very good.**
    Hěn hǎo.

15. 现在做练习。**Let's do the exercises now.**
    Xiànzài zuò liànxí.

生 活 常 用 句
Daily Expressions

问候和自我介绍 Greeting and self-introduction

· 你好！ Hello!
Nǐ hǎo!

· 很高兴认识你！ Very glad to meet you!
Hěn gāoxìng rènshi nǐ!

· 我是……（国）人。 I'm from...
Wǒ shì ...(guó) rén.

· 我叫……。 My name is...
Wǒ jiào ....

· 我住……。 I live in...
Wǒ zhù ....

· 我学……。 I learn...
Wǒ xué ....

购物 Shopping

· ……怎么卖？ How much...?
... zěnme mài?

· 我买…… I buy ...
Wǒ mǎi ...

· 拿一个……。 Take a...
Ná yí ge ....

· ……多少钱一斤/个/瓶？
... duōshao qián yì jīn / gè / píng?

How much is one jin/a/a bottle of...?

· 一共多少钱？ How much are these altogether?
Yígòng duōshao qián?

· 便宜一点儿吧。 Could it be a little cheaper?
Piányi yìdiǎnr ba.

· 可以试试吗？ May I try it on?
Kěyǐ shìshi ma?

· 我要大号的。 I want the large size.
Wǒ yào dà hào de.

· 有大/小一点儿的吗？
Yǒu dà / xiǎo yìdiǎnr de ma?
Do you have a larger/smaller one?

吃饭/在餐厅 Eating at a restaurant

· 有没有……？ Do you have...?
Yǒu mei yǒu ...?

· 来一个……。 I want a...
Lái yí ge ....

· 再来一个……。 And I want a...
Zài lái yí ge ....

· ……是什么味儿？ What taste is the...?
... shì shénme wèir?

· 我没吃过。 I haven't tasted it.
Wǒ méi chī guo.

· ……很好吃。 ...is very delicious.
... hěn hǎo chī.

· 请不要放味精/辣椒。
Qǐng bú yào fàng wèijīng / làjiāo.
Please don't put monosodium glutamate/chili pepper in the dishes.

· 请少放一点儿盐/辣椒。
Qǐng shǎo fàng yìdiǎnr yán / làjiāo.
Please put less salt/chili pepper in the dishes.

· 不要大的，要小的。
Bú yào dà de, yào xiǎo de.
I don't want a large one, but only small one.

· 太辣/咸了！ Too spicy/salty!
Tài là / xián le!

问路 Asking the way

· 请问，……在哪儿？ Excuse me, where is...?
Qǐngwèn,... zài nǎr?

· 去……怎么走？ How can I get to...?
Qù ... zěnme zǒu?

· 在左边还是在右边？
Zài zuǒbian háishi zài yòubian?
Is it on the left or the right side?

· 往……走。 Walk toward...
Wǎng ... zǒu.

· 不太远。 Not too far.
Bú tài yuǎn.

179

生活常用句

交通 Transportation

· 我去……。 I'm going to...
Wǒ qù ....

· 请在……停一下。 Please stop in/at...
Qǐng zài ... tíng yíxià.

· 坐……去，可以吗？
Zuò ... qù, kěyǐ ma?
Can I get there by taking…?

· 在哪儿换车？ Where shall I change to the bus?
Zài nǎr huàn chē?

求助 Asking for help

· 请帮帮我！ Please help me!
Qǐng bāngbang wǒ!

· 请帮我开一下门！
Qǐng bāng wǒ kāi yíxià mén!
Please help me open the door!

· 请打扫一下房间。 Please clean the room.
Qǐng dǎsǎo yíxià fángjiān.

· 我的……坏了。 My...doesn't work.
Wǒ de ... huài le.

· 我的……有问题。
Wǒ de ... yǒu wèntí.
There is something wrong with my…

请假和求医 Asking for a leave and seeing a doctor

· 我不舒服。 I'm not feeling well.
Wǒ bù shūfu.

· 我要请假。 I want to ask for a leave.
Wǒ yào qǐngjià.

· 我挂一个号。 I want to register for seeing a doctor.
Wǒ guà yí ge hào.

· 我头疼/肚子疼。 I've got headache/stomachache.
Wǒ tóuténg / dùzi téng.

· 大夫，给我开一点儿……药，好吗？
Dàifu, gěi wǒ kāi yìdiǎnr ... yào, hǎo ma?
Doctor, could you prescribe some medicine for me?

邀约 Inviting

· 你……有空儿吗？ Are you free…?
Nǐ ... yǒu kòngr ma?

· 我……有空儿。 I'm free…
Wǒ ... yǒu kòngr.

· 很抱歉，我今天/最近很忙。
Hěn bàoqiàn, wǒ jīntiān / zuìjìn hěn máng.
I'm very sorry. I am very busy today/these days.

· 我们一起去…，好吗？
Wǒmen yìqǐ qù ..., hǎo ma?
Shall we go …together?

· 我想去……。 I want to go to...
Wǒ xiǎng qù ....

· 我一定准时到。 I will certainly be there on time.
Wǒ yídìng zhǔnshí dào.

家庭 Family

· 我家有……口人。
Wǒ jiā yǒu ... kǒu rén.
There are ...people in my family.

· 我没有弟弟妹妹。
Wǒ méiyǒu dìdi mèimei.
I don't have any younger brothers and sisters.

· 我爸爸是……。 My father is a...
Wǒ bàba shì ....

爱好 Hobbies

· 我不会游泳。 I can't swim.
Wǒ bú huì yóuyǒng.

· 我最喜欢……。 I like ...most.
Wǒ zuì xǐhuan ....

天气 Weather

· 今天天气很好！ The weather is fine today.
Jīntiān tiānqì hěn hǎo!

· 今天不冷也不热。
Jīntiān bù lěng yě bú rè.
It's neither too cold nor too hot today.

· 今天太热/冷了！ It's too hot/cold today!
Jīntiān tài rè / lěng le!

· 下午有雨/风/雪。
Xiàwǔ yǒu yǔ / fēng / xuě.
It's raining/ windy/snowing this afternoon.

学汉语 Learning Chinese

· 我想了解中国文化。
Wǒ xiǎng liǎojiě Zhōngguó wénhuà.
I want to know Chinese culture.

- 我学汉语三个月了。
  Wǒ xué Hànyǔ sān ge yuè le.
  I've learnt Chinese for three months.

- 汉字很难。
  Hànzì hěn nán.
  It's difficult to learn Chinese characters.

- 汉语很有意思。 Chinese is very interesting.
  Hànyǔ hěn yǒu yìsi.

临别 Saying goodbye

- 我要走了。 I'm going to leave.
  Wǒ yào zǒu le.

- 我要回国了。 I'm going to return to my country.
  Wǒ yào huí guó le.

- 我们常联系吧。 Let's keep in touch.
  Wǒmen cháng liánxì ba.

- 这是我的email。 This is my email.
  Zhè shì wǒ de email.

- 祝你一路平安。 Hope you have a safe journey.
  Zhù nǐ yílù píng'ān.

照相 Taking a picture

- 请帮我照一张相。
  Qǐng bāng wǒ zhào yì zhāng xiàng.
  Could you take a picture for me?

- 要全身的/半身的。
  Yào quánshēn de / bàn shēn de.
  Take the whole bodies/the upper half of the bodies.

- 近一点儿。 Be closer.
  Jìn yìdiǎnr.

感谢 Expressing gratitude

- 谢谢！ Thank you.
  Xièxie!

- 非常感谢！ Thank you very much.
  Fēicháng gǎnxiè!

- 太感谢您了！ I'm extremely grateful to you.
  Tài gǎnxiè nín le!

送礼物 Giving a gift

- 这是我的一点儿心意。
  Zhè shì wǒ de yìdiǎnr xīnyì.
  It's with our compliments.

- 希望您喜欢。 I hope you like it.
  Xīwàng nín xǐhuan.

赞美 Making compliments

- 真好吃！ It's really delicious!
  Zhēn hǎo chī!

- 你真帅！ You're handsome indeed.
  Nǐ zhēn shuài!

- 你很漂亮！ You're very pretty.
  Nǐ hěn piàoliang!

抱歉 Making apologies

- 对不起，让你久等了。
  Duìbuqǐ, ràng nǐ jiǔ děng le.
  I'm sorry for keeping you waiting for a long time.

- 真不好意思。 I'm sorry for that.
  Zhēn bù hǎoyìsi.

- 请原谅。 Please forgive me.
  Qǐng yuánliàng.

生气 Feeling angry

- 真不象话！ That's shocking.
  Zhēn bú xiàng huà!

- 怎么会这样？ How could it be this?
  Zěnme huì zhèyàng?

高兴 Feeling happy

- 真开心！ I'm very glad.
  Zhēn kāixīn!

- 今天我很高兴！ I'm very happy today.
  Jīntiān wǒ hěn gāoxìng!

担心 Worrying

- 怎么办？ What shall I do?
  Zěnme bàn?

- 你怎么了？ What's wrong with you?
  Nǐ zěnme le?

- 你不舒服吗？ Do you feel ill?
  Nǐ bù shūfu ma?

- 今天会下雨吧？ Is it supposed to rain today?
  Jīntiān huì xià yǔ ba?

语言注释列表
Index of Language Tips

1

① 你好——汉语的三声变调

音节和音节连续发音时，其中某些音节的声调会起一定变化，这叫做"变调"。汉语中的三声的变调是一个重要的发音现象。有两种主要的变调方式。第一种是两个三声字连读，前面的字要读成第二声，后面的字仍然读第三声。如"你"（nǐ）+"好"（hǎo）应该读成"你好"（níhǎo）。还有一种三声变调是，第三声在第一、第二、第四声前时，这个第三声一般要读成半三声，如"老师"（lǎoshī）、"宝石"（bǎoshí）、"广告"（guǎnggào）。

② 你叫**什么**名字？

汉语疑问句的语序与英语不同，与陈述句的语序是一样的，只需把相应的部分替换成疑问词语，语序不需要变化。如"他叫大卫。"——"他叫什么？""她去北京。"——"她去哪儿？"

③ **我叫朱丽**——汉语的基本语序

汉语的基本语序是：主语+谓语（通常为动词或形容词）+宾语（如果动词带宾语的话）。

④ 我叫朱丽，**你呢**？

"你呢？"在句子中的意思是"你叫什么"，"呢"在名词或代词的后边，构成疑问句，句子的意思要根据前面的句子来定，如"我是英国人，你呢？"这句话中的"你呢"意思是"你是哪国人"，"我要去超市，你呢？"这句中的"你呢？"意思是"你去超市吗？"

⑤ 这是我**的**朋友。

"名词／代词+的+名词"表示某物属于某人的意思。如"我的书"、"大卫的电脑"。

2

① 你是老师**吗**？

一般来说，在汉语的陈述句后加上"吗"就变成了疑问句，回答的时候用句中动词或形容词的肯定或否定形式。如"你下午上课吗？"——"上课／不上课。"

② **不**是，我是学生。

"不"在第一声、第二声和第三声前读"bù"，如"不吃"（bù chī）、"不来"（bù lái）、"不好"（bù hǎo）；在第四声前读第二声bú，如"不是"（bú shì）、"不去"（bú qù）。

③ 你去**哪儿**？

"哪儿"是where的意思，用来询问地点，意思是"什么地方"，而"哪"的意思是which，这两个词不要弄混了。

④ 我住留学生楼**211**。

为了区别"1"和"7"，数字"1"在电话号码、房间号码及汽车号码中通常念作yāo，如"218"（èryāobā）、"415"（sìyāowǔ）。

⑤ 我有**一**个中国朋友。

"一"在第一声、第二声和第三声前要读"yì"，如"一天"（yì tiān）、"一年"（yì nián）、"一起"（yì qǐ），而在第四声之前则要读成第二声yí，如"一个"（yí gè）、"一次"（yí cì）。

⑥ 我有**一个**中国朋友。

汉语中的数量词和名词中间一般要加一个量词，最常用的量词是"个"，如"一个同学"、"一个人"、"一个问题"。

3

① 现在**几**点？

"几"在汉语中一般用来询问10以下的数量，如"你家有几口人？"、"你的房间里有几个人？"问时间的话，也用"现在几点"来问。

② 现在**七点半**。

汉语中的时间有几种表达法。

整点时间是：数词+点，如7点、9点，

半点时间是：数词+点+半，如"7点半"、"8点半"；

其他时间："7：08"说成"7点8分"、"10：23"说成"10点23"。"分"可以省略。

③ 我**六点**起床。

汉语中的时间词一般要放在动词的前面，如"我9点上课"，不能说"我上课9点"。

④ 中午睡**一会儿**。

"一会儿"表示很短的一段时间，用在动词的后面。"中午睡一会儿"的意思是"中午大约睡10分钟，20分钟"。

⑤ **两**点上课。

"2"在量词前和表示时间的时候，不能念成ēr，而要用"两"（liǎng），如"两天"（liǎng tiān——two days）、"两个"（liǎng gè——two）。

4

① "这"和"那"的读音

"这"读作"zhè"，但在口语中也读成"zhèi"，"这个"读成"zhèige"。"那"读成"nà"，但在口语中也读成"nèi"，"那个"读成"nèige"。

② 要**几**个？

"几"和"多少"都是询问数量的，"几"一般用来询问10以下的数量和时间，"多少"一般用来询问大于10的数量以及钱的数量等。如"你们学校有多少人？"、"你有多少钱？"

③ 我**没有**零钱。

"有"的反义词是"没有"，不是"不有"。

5

① 便宜一点**吧**。

"吧"放在句尾，表示请求，表达一种柔和、商榷和请求的语气。如"我们走吧"、"快来吧"。

② 我要红**的**。

"形容词+的"在句中相当于一个名词，在本课"红的"、"小的"指"红色的旗袍"和"小个儿的苹果"。在"名词+的"结构中，"的"后面修饰的词语有时可以省略，本课中"什么颜色的"意思是"什么颜色的旗袍"。

③ 有大**一点儿**的吗？

"一点儿"用在形容词的后面，表示少而不定的数量，有对比的意思。如"我吃药以后，好一点儿了。"意思是"吃药以后比以前好了一些"。

④ 收款台**在**哪儿？

这里的"在"为介词，"在+地点"表示交钱的具体方位，语法格式为"谁+在什么地方+做什么"。

6

① 你吃**点儿**什么？

"点儿"是"一点儿"的省略表达，一般用在名词前面或形容词的后面。本课中的"你吃点儿什么"意思就是"你吃一点儿什么东西？"

② **再**来一个……**还**要别的吗？

"还"和"再"都有动作重复发生的意思，点菜时，两个词都可以用。如"我还要……"、"我再要一个……"。但是服务员问你的时候，他/她一般只能用"还"，不能用"再"，如"你还要别的吗？"

③ **有没有**蛋炒饭？

"有"的反义词是"没有"。汉语可以用肯定和否定形式并列起来提问。如"你去不去超市？"、"你有没有中国朋友？"回答的时候，选择肯定或否定的一种，如"去"／"不去"，或"有"／"没有"。

④ 要两**个**蛋炒饭。

这里的量词也可以用"份"、"碗"、"盘"等，"个"是最通用的量词。

7

① 糖醋鱼**又**甜**又**酸。

表示两种情况同时存在。注意，这两种情况的词性应该是一样的，或者都是形容词或者都是动词。如"又唱又跳"、"又干净又漂亮"。

② 我吃**过**。

"过"用在动词后面，表示动作曾经发生过。如"我去过北京"、"他看过这个电影"。

③ **那**不要麻婆豆腐了。

这里的"那"表示根据上文的意思情况，做出一个新的决定。

④ 等**一下**。

"一下"用在动词的后面，表示一次，通常动作持续的时间非常的短暂。如"看一下"、"用一下"。

8

① 在邮局的左边**还是**右边？

"还是"用在两个项目之间，表示选择，要求回答问题的人从两个选项中选择其中之一作为答案。如"你吃苹果还是葡萄？"、"你去超市还是银行？"

② 超市里**有**什么？

"处所+有+什么"用来说明什么地方存在着什么人或者事物。存在的事物（或人）要放在"有"的后面。

③ **什么都**有。

"什么都……"是一个表示强调的句型，表示没有例外，所有的事物都含盖在内。如"他什么都会"意思是"他知道的非常多"，"我什么都能听懂"意思是"我的汉语很好，可以听懂很多"。

④ 往前走。

"往"放在表示方位词语前面，表示方向。如"往左走"、"往上看"。

9

① **前边就是**。

"前边就是"后面省略了"大使馆"。语言环境清楚时，"就是"后面常常省略表示地点或人的词语。如"谁是王老师？——我就是（王老师）。"

10

① **喂**，是服务台吗？

"喂"是打电话时常用的问候语，读成wèi。

② 我的马桶坏**了**。

这里的"了"用在形容词或句子的后面，表示发生了变化，如"我胖了"意思是"以前不胖，现在胖了"；"天黑了"意思是"天刚才没有黑，现在黑了"。

③ 你**会**修电脑吗？

"会"表示懂得怎么做和有能力做某事，但是这种能力一般是指需要经过学习才能获得的能力。如"我会做饭"、"他会说汉语"。

④ 你的电脑**怎么了**？

"怎么了"是在知道对方的情况或事物的状况发生了问题后，关心地询问对方进一步的情况。如"你的手怎么了？"

11

① **是不是**感冒了？

"是不是+动词/形容词+了"用来表示猜测。如"他是不是回国了？"、"你是不是没有课？"

② 你**好好儿**休息吧。

注意，"好好儿"的发音是hǎohāor，"好好儿休息"的意思是充分、彻底地休息。还可以说"好好儿准备"、"好好儿玩"。

③ 有**一点儿**疼。

"有一点儿"放在形容词前面，表示程度不太高。注意，不能说"一点儿疼"。

④ 我吃**了**很多东西。

这里的"了"放在动词的后面，表示动作的完成。

12

① 我**想**去看京剧。

"我想去看京剧"和"我要去看京剧"意思比较

接近，但是也有一点不一样。"我想做……"，说话的人只是有一个初步的想法，但是态度不十分明确和坚决，而"我要做……"，说话人可能已经有了比较明确、具体的想法。

② 好**啊**！

"啊"是感叹词，表示强烈的情绪，在这里表示高兴的心情。

③ 我**好久没**唱歌了。

"好久"后经常要用"没"，表示很长时间没有做什么事情了，说话的人心里对这件事有一定的期待。比如"我好久没吃饺子了"，说话人很长时间以来没吃过饺子，但他/她心里有一点渴望吃到饺子。

④ 我**给**王浩打电话。

这里"给"是介词，"to"的意思。

13

① 我家有五**口**人。

"口"是量词，常用于计算家庭中的人数。如果要计算一个班或一个公司中的人数，就用"个"，如"我们班有12个同学。"

② 她今年**多大了**？

"多大了"用于询问孩子或年纪不太大的人的年龄。如果对方年纪比较大，应该问"您多大年纪了？"

③ 他们是**谁**？

"谁"可以读做"shuí"，但是在口语中也可以读做"shéi"。

④ 我家、我爷爷、我奶奶

这几个词也可以说成"我的家"、"我的爷爷"、"我的奶奶"。不过在"家"或亲属称谓（如爸爸、妈妈）前，"的"可以省略，如"我爸爸"、"我妈妈"。

14

① 香港的商店**可多了**。

"可……了"用于口语，表示程度很高，如"他的汉语可好了"，意思是他的汉语很好。

② **那儿**热吗？

"那儿"表示地点，如"我去过香港，那儿很漂亮。"在这个句子中，"那儿"就是香港。

③ **咱们**带上雨伞。

"我们"和"咱们"这两个词的意思有时是一样的，都是we的意思。不过使用的时候要特别注意，说"咱们"时包括所有在场的人，而说"我们"

时，有时包括在场的所有人，有时并不包含所有在场的人，而仅指包括"我"在内的一部分人。

15

① 你学汉语**多长**时间了？

"多+长/大"可以用来询问数量和年龄等。"多长时间"用于询问时间长度，"多大"用于询问年龄或面积。

② **不过**有点难。

"不过"表示转折，但是语气上比"可是"和"但是"轻一些。

③ 下星期我**就要**走**了**。

"就要……了"表示即将发生什么，如"他就要回国了"、"我就要结婚了"。

④ **祝**你一路平安。

"祝你……"是一句非常有用的表示祝福的话，常说的还有"祝你工作顺利"、"祝你身体健康"等等。

郑 重 声 明